"新师说"书系

ZIRUN DEXING

"资"润德行

整合教育资源开展德育实践

康建军 著

文匯出版社

写在前面的话

我们身边的教育资源,或具浓郁的文化气息,或具丰富的史料内涵,或具多样的呈现形式,这些正是我们引导学生深入领悟和感受道德价值观的鲜活载体。在育人实践中,我们如何以大教育观来更新教育资源观,来审视现实中的问题或现象?需要我们加大教育跨越学校围墙的力度,并赋予育人内涵新的生命力。

本书基于育人的实践,在如何挖潜、整合、运用各类教育资源开展育人实践活动中进行了思考与实践。

随行——整合资源开展德育科研。呈现了作者在德育科研上的研究与实践成果,借鉴心理学、社会学、哲学等多学科的理论和方法收集数据,从不同角度研究并解决德育实践中的问题,有整合文化资源研究德育系列、整合社区资源研究德育专题、整合劳动资源研究德育特色。

随思——运用资源设计德育活动。作者通过有效的资源整合,尽力为学生创造一个更加丰富多彩、有利于全面发展的教育环境。围绕育人的六大途径,思考怎样使教育资源主题化、课题化、项目化、课程化、校本化和多元化。在一篇篇德育论文中,足见德育人的意识和慧眼。怎样发现资源?如何利用资源,在丰富多彩的活动中增强学生的认同感和自豪感?

随录——审视资源架构德育发展。这是对教育感悟的记录、理想的记录、建议的记录。在规划中,我们是否能营造一个充满正能量的校园环境?我们是否有意识与社区合作,利用社区资源开展实践活动?我们是否能率先垂范做道德的榜样?怎样审视资源价值并助力教师发展?怎样发挥资源效能助力学生发展?怎样共享资源创新助力学校发展?这是育人理念的体现,也是育人能力的展示,更是育人目标的架构。

三个模块,分别呈现了德育科研中的资源整合、德育活动中的资源利用、德育发展中的资源审视,有思考,有实践,有情怀……

序

今天我们收获了一本德育新作《"资"润德行——整合教育资源开展德育实践》，这是康建军校长长期在德育工作中的学习、实践、积累、思考。全书三个模块，分别呈现了德育科研中的资源整合、德育活动中的资源利用、德育发展中的资源审视，有思考，有实践，体现一位德育骨干教师长期在德育实践中的不断探索。

在阅读全书后，我们进一步理解了发掘、整合、运用各类教育资源开展实践活动的意义，不仅在于全面提升学生的核心素养和社会责任感，促进学生的全面发展，同时也是让教师在研究实践中获得快速进步的方法。

整合资源是什么样的思维方式呢？它是把优秀的东西集合起来，进行归类，随时为自己所用，当然也是一种帮助别人、分享价值的好方法。在德育实践中，康建军校长始终坚守着自己的发展方向，立志做研究型教师。他随行研究，努力与身边的专业团队积极参与德育课题研究，阅读大量文献资料，开阔研究视野，在发掘、整合资源的过程中，提高自己的学习思考能力，与同伴不断分享资源的价值，最终优秀吸引优秀，助推了许多课题项目的运行并取得研究成果。如整合文化资源，研究德育系列；整合社区资源，研究德育专题；整合劳动资源，研究德育特色等。在读书学习中，他破解育人过程中的问题，引领团队伙伴对新时期德育工作确立新的观念和认识。

发掘整合资源可以提升资源的利用效率。康校长在科研导向实践中随思而悟，将资源运用落实在德育活动中。在深入学习贯彻《中小学德育工作指南》中，他不仅将资源运用于"六大育德路径"中，而且在整合运用资源中关注教师育德能力的提升，促进教师在育人过程中思维方式的转变、育人观念的完善。《联动社区教育资源，打造五重育人课堂》《培养勤俭意识需要协同育人的再发力》等，都体现了康校长和他的团队长期坚持研究，通过整合不同领域、不同背景的资源，激发解决问题的新的想法和可实施的方案，从而推动课题研究深入发展，实现教育创新。

康校长在研究中注重随手记录，在运用资源中进一步审视资源架构德育发展的价值，用心建构育人设计。在书中，他提出了如何用好社区资源、社会资源设计并开展好育人活动，介绍了建构设计的要义，即明确德育目标——立德树人、全面发展；优化德育内容——贴近生活、贴近实际；创新德育方法——资源整合、实践育人。在正确的观念引领下育人，将社会资源融入学校各项德育活动，做好新时期学校德育工作的顶层设计，促进可持续发展，经验可示范辐射。

从这本著作中，我们进一步理解了教育资源在育人中的作用，它不仅提升了学生的核心素养，而且拓宽了教师的研究视野，增强了解决问题的能力。用好多样性的教育资源，可引领我们进一步贯彻实施好《中小学德育工作指南》等纲领性文件的精神；充分利用社会资源开展好学校德育综合实践活动，亦可培养师生的创新精神和实践能力。

著作来自实践，必定能成为一线德育工作者学习的研读范本，建议各位老师认真读一读本书每个章节、每篇文章，也能将资源为我所用。

张蔚芹
2024年10月22日于上海

（本文作者系上海市劳动模范、特级校长、特级教师，新中国60年上海百位杰出女教师）

目录

写在前面的话 …………………………………………………………… 001
序 / 张蔚芹 ……………………………………………………………… 001

第一部分 随 行
整合资源开展德育科研

◆ 整合文化资源·研究德育系列

文化教育资源助力学生文化自信培养的实践研究 …………………… 003
  附件1 传统节日里传统文化 …………………………………………… 013
  附件2 "阳光学校"文化建设的整体架构和思考 …………………… 017

◆ 整合社区资源·研究德育专题

社区资源融入社会主义核心价值观教育的实践研究 ………………… 020
  附件1 中小学开展社会实践活动的现状调查 ……………………… 033
  附件2 友情有情 ……………………………………………………… 044
  附件3 社区资源在校本德育活动中的运用 ………………………… 049

◆ 整合劳动资源·研究德育特色

整合劳动教育资源开展主题式劳动教育的实践研究 ………………… 053
  附件1 我是包装小达人——主题式劳动教育实践活动"我的岗位我履职"
        项目化实践案例 ……………………………………………… 060
  附件2 网络消费来实践——主题式劳动教育实践活动"生涯体验来尝试"
        课题化实践案例 ……………………………………………… 063

附件3　我的未来我预见——主题式劳动教育实践活动"劳动技能大比拼"
　　　　活动化实践案例 ………………………………………………………… 068

附件4　欢乐蔬菜总动员——主题式劳动教育实践活动"美好生活靠劳动"
　　　　实施方案 …………………………………………………………………… 073

附件5　整理书包及课桌——主题式劳动教育实践活动教学设计 ………… 080

附件6　学做小小收纳师——主题式劳动教育实践活动教学设计 ………… 084

附件7　整合资源，多渠道开展劳动教育 ………………………………………… 090

第二部分　随　思
运用资源设计德育活动

◆ 实践育人：教育资源主题化

指向价值观体悟的社区资源主题化融合的开发与实施 …………………… 096

联动社区教育资源　打造五重育人课堂 …………………………………… 104

整合校外教育资源助力学生健康成长的实践研究 ………………………… 113

◆ 管理育人：教育资源课题化

提升议事效率　转变育人方式 ……………………………………………… 119

◆ 文化育人：教育资源项目化

资源项目式推进在彩豆文化培育中的实践与思考 ………………………… 126

◆ 课程育人：教育资源课程化

运用生活资源开展道德与法治教学的实践思考 …………………………… 130

中小学劳动教育基地课程化构建的实践研究 ……………………………… 137

◆ 活动育人：教育资源校本化

综合运用资源设计中小学德育校本活动的策略研究 ……………………… 141

◆ **协同育人：教育资源多元化**

培养勤俭意识需要协同育人的再发力·· 145

第三部分 随 录
审视资源架构德育发展

◆ **审视资源价值·助力教师发展**

教师的教育角色··· 153
行走在余震中的德育人
　　——随上海市中小学德育骨干实训基地考察龙池小学······················ 155
换一个角度的精彩·· 157
在多元对话中夯实育人的底气·· 159
在开放空间学习中关注育人的生成
　　——有感于培训课程"小学课程育人的设计策略"···························· 161

◆ **发挥资源效能·助力学生发展**

一个陌生的电话··· 164
那是红旗的一角··· 168
让主题更贴近生活
　　——一节主题教育课的设计与反思·· 170
做一个爱国的自律的人
　　——返校第一天我和同学们这样说·· 174

◆ **共享资源创新·助力学校发展**

育人资源就在课堂中
　　——有感于"小学课程育人的设计策略"课程第二次实施················· 176
深情系赣乡　微笑满课堂
　　——写在优秀教师专家团赴江西于都结对交流································ 178

名师流动站，实训基地的好资源……………………………………………180

学会看"失"，就是发展的资源 …………………………………………183

育人需要这样的培训资源

——有感于"小学课程育人的设计策略"课程第三次实施…………185

后记………………………………………………………………………187

第一部分 随行

整合资源开展德育科研

随行，跟随着德育实践开展研究行动，一同进入育人佳境。

跟随着基地导师，一起研究德育实践中的问题。德育科研，旨在通过科学的方法，研究如何更有效地整合各类教育资源，开展德育实践活动。运用教育资源开展德育科研，是一个复杂而具有挑战性的任务。作为德育人，是否具备了广博的知识？是否具有了严谨的态度？是否确立了创新的意识？尤其是对教育资源的整合与运用，是否得心应手？

教育资源，包含那些支持教育教学活动的各种资源，有物质资源、人力资源和信息资源等。这些资源相互补充、相互促进，共同构成了支持教育活动的完整体系。在德育科研中，需要我们根据教育的需求和目标，合理配置和利用这些资源，以提高德育科研的效果和质量。

文化教育资源的整合，是将不同类型的文化资源进行挖潜与重组，形成支持文化育人的综合资源体系。通过文化资源的运用，旨在丰富学生的知识结构，提升学生的综合素质，为德育科研提供鲜活的研究资料。实践中，我们根据学生的兴趣和需求，提供个性化的文化育人方案和学习资源，为学生量身定制学习计划和辅导方案，这就是我们德育科研所要达成的目标。

劳动教育资源的整合，是将各种劳动教育资源进行系统规划、优化配置和有效利用。通过德育科研，不断优化资源配置和教育方法，提高劳动教育的效果和质量；同时，丰富学生的知识结构，培养学生的劳动观念、劳动技能和劳动习惯。

面对教材、教师、学生、家庭、小区，以及各种媒体资源，需要我们借鉴心理学、社会学、哲学等多学科的理论和方法，通过调查问卷、访谈、观察等多种方式收集数据，从不同角度研究并解决德育实践中的问题。在此，德育科研需要整合各类鲜活的教育资源，包括实践活动资源、案例分析资源、文化传承资源、科技辅助资源和家校合作资源等，通过系统规划和有效利用这些资源，为德育科研提供有力的支持和保障，也使我们的德育研究更加全面和深入，并且确保了研究结果的可靠性和有效性。

整合文化资源·研究德育系列

文化教育资源助力学生
文化自信培养的实践研究

一、课题研究的背景与目标

中小学生正处在世界观、人生观、价值观逐步形成的时期，在什么样的文化熏陶下成长，尤其重要。如果他们在各种文化涌来的浪潮中能够正确面对多元文化，从而确立明晰的是非观念，那么，他们对文化的自信心会逐渐增强起来。

（一）课题研究的背景

目前，我们的中小学校都在挖潜并整合各种教育资源开展校园文化建设，并形成了一定的教育氛围。那么，我们以怎样的视角去认识文化、以怎样的态度去对待文化，又以怎样的思路去发展文化？

（二）课题研究的目标

通过分析中小学校园文化建设的现状，厘清校园文化的归因，从而梳理对中小学生培养文化自信的方法与途径。

1. 学生应关注怎样的校园。我们的校园文化或具地方特色、或具发展特色、或具民族特色，这是整个校园的主流文化。有什么样的文化熏陶，就能培养出什么样的优秀学子。如"傅雷精神文化"，培养出熟读傅雷家书的傅雷学子；"海洋文化"，培养出海纳百川的学子；"彩豆文化"，培养出阳光健康的学子。

2. 学生应树立怎样的态度。文化自信不是文化自大，我们提倡继承优秀的民族文化传统，并不是要排斥外来优秀文化。在西方文化和价值观侵蚀和影响下，实用主义、个人主义、享乐主义、拜金主义等都与我们的主流文化是相违背的。在校园文化建设中，我们要培养学生开放包容的文化品性，这不是盲目崇洋媚外，必须坚持以我为主、为我所用的原则，更不能丢掉民族精神、民族特色和优良传统。引导学生用一种开放的心态去吸收西方有价值的科学文化知识和资源，把优秀的外来文化同我们的传统文化结合起来，这就是文化自信的表现。

二、课题研究的框架与设计

（一）研究的内容

1. 准备性研究

（1）了解并分析部分中小学如何设计并开展校园文化建设的情况，确定研究的切入点和着力点。

（2）了解并总结各学校在开展校园文化建设中存在的问题，为合理组建专题研究小组提供依据。

（3）调研并分析中小学生对文化自信意识的认识程度、文化自信鉴别的能力等，以确定研究的途径与方法。

2. 实践性研究

（1）研究校园文化建设的现状。各中小学确定校园文化主题的背景是什么，如何开展校园文化建设，共性特征和个性特征各有哪些，针对这些内容进行梳理，探讨进行文化自信培养的切入点与着力点。

（2）研究文化自信培养的途径。各学校在具体开展校园文化建设的时候，都会结合学校的特色、地方的特色、学生的发展需求进行整合、融合。通过本课题的研究，能形成为各校所共同享用的培养文化自信的操作途径。

（二）研究的方法

1. 文献资料法：广泛收集整理与课题相关的国内外文献资料，开阔研究视野，借鉴有益经验。

2. *行动研究法*：在反思与分析中小学开展校园文化建设中成功的经验和存在的不足的基础上，探究培养学生文化自信的方法与途径。

3. *经验总结法*：总结各中小学开展校园文化建设的成功经验，在实践中寻求最佳切入点与着力点开展文化自信的培养。

（三）研究的进度

1. *准备阶段*（2014年3月至5月）：组建课题组，确定人员分工；相关现状调查和理论梳理；制订课题方案。

2. *实施阶段*（2014年6月至2015年8月）：申报立项；各成员按照分工开展研究；课题中期小结；课题深化研究。

3. *总结阶段*（2015年9月至11月）：课题组成员总结研究体会，撰写论文；整理与收集课题研究过程性资料与成果；撰写结题报告。

三、课题研究的成果与收获

（一）调查分析，了解现状

1. 对校园文化建设的调查分析。通过此项调研分析，旨在总结学校在精神文化、环境文化、师生文化、课程文化、制度文化等方面取得的经验，分析存在的不足。本次共发放学生问卷200份，回收200份，全部为有效问卷。调查显示：

（1）校园文化内涵应丰富。调查发现，学生参加活动的热情还是很高的，一学期中参加活动5次以上占到76%；学生对校园文化最直接的认知是文艺类、实践类和体育类活动，占到82.5%；91%的学生对学校校园文化建设持认可的态度。只有41.5%的学生认为校园的显著位置布置了校训、校风等字样。校训是一所学校的历史、文化、精神的凝练。学校应充分重视校训在办学中的传承作用，除了在显著位置布置校训以外，更应该在挖掘校训内涵与外延上下功夫，通过主题演讲、主题征文、树立典型等活动使校训深入人心。

（2）校园文化内化应具体。调查发现：知道学生守则的学生占89.5%，有一成多的学生只知道一些或不知道。94%的学生觉得学校的各种活动很多，6%的学生认为不多。说明学校普遍重视了学生活动的开展，但在活动的多样性及趣味性上尚有空间可挖。96.5%的学生能自觉遵守各项制度，29.5%的学生在自觉纠正不良行为时表现出犹豫的心理。

（3）校园文化主体应凸显。学校充分重视校园文化的布置工作，充分地体现了校园一景一处皆窗口的宣传功能；学生参与环境布置热情较高；几乎人人都参与了不同层面的布置工作。学校将"一校一品"的创建工作列入了学校总体规划中，但应思考这一工作的主体是学生的发展，尤其是要突出文化的熏陶功能。

2. 对文化自信现状的调查分析。本次问卷调查共发放学生问卷500份，各校按不同年级进行调查，有效问卷492份。

通过深度访谈，我们课题组发现，师生对于当下的文化，有一定的文化自信，对历史积淀的肯定，但在行为处事和价值观上有些偏向于西方文化，对中华优秀传统文化言行有点儿不一致。尤其是学生年龄越低越受西方文化的价值观影响，例如表现为"会特别强调自己的某样物品来自美国"等。

（1）对传统文化印象不深。对于"中国历史故事的喜爱程度"，年级越高越偏爱，低年级学生逾七成对于此项"无所谓"。近70%的学生"喜欢并知晓一些中国传统节日的由来"，并与年纪呈正相关。对"中西方人物的喜爱度"则是与年级无关，过半学生有自己喜爱的中国名人。

（2）对西方文化好奇心强。学生偏爱日本和欧美的动画，年级越高越倾向于日本动画，低年级则较为偏爱欧美动画。与春节这一传统节日相比，逾一成的学生更喜欢西方的"万圣节"。有70%以上的学生表示"会主动去了解中国文化，并为之自豪"，且与年龄呈正相关。90%以上的学生表示"有机会会向外国人介绍中国文化"。

（二）针对实情，研究对策

1. 让境域情感传起来——"看"得见的文化自信。被访的对象普遍反映：好的生活场所、好的校园环境直接影响到学生的成长。

（1）班级文化建设。良好的班级文化建设可以帮助我们的学生树立自信的意识和培养自信能力。我们的学生在班主任的引导下，在向着班级目标迈进的过程中不断创新和创造。在同一所学校，不同的班级往往会表现出不同的精神风貌：有的班级集体意识强，有的班级学习氛围浓，有的班级热爱课外活动……这些差异对班级文化的建设成效起到了关键的作用。在显性中凸显——要努力使学校的墙壁也会说话，让学校能够成为一个能耕耘出春天的庄园，可见班级硬环境的建设在营造班级文化中所发挥的作用。在隐性中渗透——优美的教室环境是创建班级文化的基础，而一个安静、和谐的学习与生活空间，可以催人奋进，可以影响学生对事物的判断和看法，可以改变学生的学习与生活方式。

（2）校训文化建设。围绕校训开展的一系列文化自信教育活动就是一本内涵丰富而生动的活教材。校训在校园里、在课堂内、在生活中，不是静止的，而是与时俱进的，几个字的背后有着众多感人至深的故事，它与校史、校风、校徽、校歌一起共同启迪陶冶着我们的学生健康成长。文化自信的培养，坚持人人参与的原则，充分发挥学生的主体作用，引导学生建立共同的发展愿景，增强认同感、归属感，在更广阔的领域中提升自己的文化自信。

如 A 小学以"向真、向善、向美、向上"八字校训作为学校文化的主旋律，在校园文化的建设中融入了培养学生的文化自信的内涵。在教学楼最醒目的位置，校训内涵夺人眼球；楼梯通道上，教师和学生的"微笑"照片组成了独具特色的笑脸墙；走廊的展板上，张贴着同学们自己制作的小报等，这些都能体现学生的自信和自豪。学校围绕着"校训文化"，分年级、分主题开展教育活动。向真——热爱科学，追求真理，堂堂正正做一个真人，要求学生学讲一个关于诚实守信方面的故事，并能说出其中的道理；向善——友善众人，乐善好施，做一个有孝心、爱心，有责任心的人，要求学生细读三字经第一大段，知道其中关于"孝"方面的故事；向美——欣赏他人，追求美好，做一个欣赏美、追求美、践行美的使者，要求学生"拍摄最美浦东"，体验做一个上海浦东人的骄傲；向上——挑战自我，不断进取，做一个永远向上的人，要求学生搜集民族英雄的故事，了解抗战英雄不朽的事迹，培养学生做一个积极向上的人。

（3）制度文化建设。制度文化反映着学生的价值观念、道德观念等文化因素。在调研中我们发现，各学校把制度文化建设作为校园文化建设的重要内容之一，通过制度文化建设来培养学生的文化自信，而且效果很显著。

如C小学在校园文化建设中创新了制度文化的建设。学校组织各班级自行制定"班级公约"，学生根据班级的自身特点，纷纷制定体现班级特点的公约，并严格遵照自己制定的"班级公约"，实现了"自己的制度自己定，自定的制度要执行"的学生自主管理模式。畅通了意见听取制度，改变了以往"大一统"的方式，而是在师生的共同参与下，集全体的智慧创建班级争章园地、学习园地等，既营造了氛围，也为有一技之长的学生提供了一个绝佳的展示舞台。这是个自信的表现，更是个自信的创举。在潜移默化之中，学生接受了学校文化的熏陶，认同了学校的文化。

2. 让校本课程活起来——"摸"得着的文化自信。在调研中我们发现，培养学生的文化自信，许多学校就是立足校园文化建设的特色，同时融入课堂与课程。课程是人与文化的中介，课程的内容来源于经过筛选的文化。

（1）浸润乡土文化课程。学生成长的生态环境其实就是最好的文化课程，是有情感的，也是有情怀的，这些资源是学生能够认同的，也是值得探索的。

如D小学在办学过程中，整合乡土文化资源，形成了《以乡土文化为载体，培养学生的爱乡情怀》的校本教材。教材由《江南水乡，农家风貌》《悠久历史，民间风俗》《爱国激情，光辉战斗》《现代工商业，发达农副业》《文化繁荣，社区新貌》等五个部分组成。教材内容着重介绍家乡沿革、乡土资源、民俗乡风、人文景观，促进学生对家乡民风乡俗的认识，加深学生对乡土文化的理解，从而增强学生对家乡的感情和自信。实践感悟、合作探究和网络资源的开发利用等教学方法的使用进一步丰富了学生的情感体验。让学生在了解乡土文化的基础上表现乡土文化，播下了传承乡土文化的种子，培养了学生的文化自信。

（2）漫游经典文化课程。传统经典文化课程建设在部分学校也得到了健康发展。国学经典能提供给我们一种永恒牢固的价值根基，永恒在于能帮助我们的学生树立科学正确的文化观，提高文化自信培养的有效性和时效性。

如E小学则将《国学》内容按照学段渐进铺开，让学生漫游在经典文化课程之中。一、二年级开展经典诵读活动，从《三字经》《弟子规》等蒙学入手，诵读中体会先哲的智慧。三至五年级从讲历史名人的故事入手，从多角度多方位了解中国历史长河中的光辉人物。学生徜徉在书海中，在书的海洋中认识文化、亲近文化、珍爱文化，学生们用摘抄、推荐、感言、质疑来诠释阅读、诵读的真谛，在潜移默化中启迪文化的智慧，为文化的成长积淀养料、奠基高度。同时，学校还开展了国际视野教育，在了解世界灿烂文化的同时，感受中国文化的魅力，培养包容的文化观，还将文化自信的培养融入学校的主题教育和专题教育等"两纲"教育。

（3）驻足社团文化课程。社团管理过程中形成了课程方案、完善了过程管理和评价体系（形成了社团管理手册、社团活动手册、社团成员成长手册，并投入使用）、开展了社团案例研究并结集成册、形成了"探究—体验—运用"的社团教学模式、开展了社团课题研究、汇编了社团作品成果。

如F小学，从校本课程实施方案的建设与完善、学生社团活动的途径的丰富与拓展、小学生社团活动的运作和评价机制的构建等方面开展对培养学生文化自信，推进学校社团文化建设的探索与实践。学校厘清了基础型课程、拓展型课程和探究型课程的关系，将社团活动纳入学校课程设置的重要组成部分中，明确社团课程的内容结构，全面开发文学、科普、益智、艺术、实践五类社团课程，并将学科拓展类课程、主题实践活动作为社团课程必要的有益的补充。形成小学生社团活动系列教材、读本或系列活动方案。校内开设《社团之声》《社团之窗》栏目，让孩子们通过社团学习、播音活动、作品展示，拓展活动空间，提高自主管理能力。校外，通过采访、参观、采风、社会实践、校际交流、社团展示汇报等实践展示活动，开阔视野、提高合作和社交能力。组织不同层面的交流与展示活动，增强学生社团的示范辐射作用。让学生在社团活动中，在增强自信心、认同自身的同时，促进其文化自信的形成。

3. 让社区资源动起来——"听"得到的文化自信

走访中我们发现，社区的教育资源是比较丰富和充实的，合理运用这些资源对学校发展、学生成长是有很大的作用的，对于学生文化自信的培养亦是如此。

（1）融入社会实践体验文化。实践是体验的最好来源，引导我们的学生去接触社会，才有可能了解大自然，更多地关注自己的生活，文化自信在这样的过程中得以建立。

> 如G学校结合"社会主义核心价值观实践活动"，开展了针对特殊孩子的教育。组织学生走进敬老院、幼儿园、假日小队服务社区、外来民工子女学校、孤老村民家、军营，参与社区文艺演出、参加各类参观实践……组织学生到大自然中去，到超市购物时，引导学生不要把物品弄乱，要尊重他人的劳动；乘车时，引导学生要排队等候，看到老弱病残的人要让座；到纪念馆参观时不大声喧哗……通过这样的社会实践活动，让学生去体验、去积累、去尝试。

（2）参与社区活动感悟文化。组织学生参与社区活动，其实是一个文化融合的过程，我们的学生有新上海人、有本地本土的，也有来自其他国家的。而在这文化融合的过程中，培养学生对自我文化的认同非常重要。

> 如H学校充分发挥国际社区的资源优势，在社区活动中、文化冲撞中，让学生去感悟。在镇政府的支持下，学校聘请了专业团队的演员，开设沪语课程，教孩子学唱上海童谣，这些童谣既承载着上海这座城市的文化变迁，也记录了近代上海的社会生活。孩子们在学唱上海童谣的过程中

形成的审美意识会内化为一种文化意识,并在心理上形成认同感;开设戏曲社团,教孩子们学唱越剧、沪剧、京剧、豫剧……在"唱念做打"的体验中,感受不同地区的戏曲文化魅力,了解戏曲塑造国家文化形象的独特作用;成立民乐队,学习中国民族乐器的演奏技巧。学校也积极组织孩子们参与其中,穿上民族服饰,表演民族戏曲,在舞台上展现一种文化的自信,这对培养孩子对自我文化的认同起到了积极的推进作用。

(3)携手家长群团寻访文化。一个人的文化认同和文化自信的建立靠说教是行不通的,光靠学校教育也是无法完成的,它需要学校充分依托社区,携手家长,互相合作,拓宽学校教书育人的平台,共同营造和谐、生态的教育环境。家长群团的力量是无穷的,他们有某一领域的一技之长,或展示、或传授。"家长讲堂"一节课的内容或许是学生在课堂上无法直接习得的;"家长现场"的一次展示或许就能激发起一批学生求知的欲望;"家长微谈"的一个话题或许就是一个释疑的过程。

如I中学提出了"生命、生活、生态"这一课程主题,学校组织学生去极地研究中心和"雪龙"号南极科考船上参观学习考察,了解我们国家南极科学考察事业的发展,弘扬"爱国、拼搏、协作、创新"的极地精神;组织孩子去上海知名企业——大白兔奶糖的生产基地参观,了解民族知名品牌的诞生与发展历史;去大飞机制造、三一重工等民族工业企业参观,感受科技创新带给国人的自信;去张江的中药种植园——百草园,通过听讲解和参观,了解祖国中医文化的独特魅力;去上海通用、家乐福物流,了解洋品牌在中国的本土化历程……这些地方都成了孩子们的第二课堂,这些活动在培养孩子文化认同和文化自信方面起着积极的作用,而家长在参与活动的过程中,也会产生一种自我的教育,对家长来说也是一次文化自信的培养和教育的机会。

(三)实践运行,反思成效

1. **文化课程精彩纷呈。**通过本课题的实践研究,各学校根据自己学校的发展实际与特色、针对学生发展的需求，从文化自信培养的核心出发，建立了一批具有学校特色的文化课程。各个学校都有这样的共识：将文化自信的培养落到实处，要有相关内容的课程加以具体化和实效化。各学校充分利用教育探索的成就，将参与面拓展到全体学生，同时在这个过程中提升教师的专业发展水平和独立开发课程的能力，形成学校的文化特色。有的文化课程关注到了课程内容的系列性和代表性，有的文化课程更加突出内容的丰富性和趣味性。这些课程在实施过程中都强调了学生的主动参与、师生的多途径互动、资源的丰富和开放以及评价的过程性和激励性。而这些方面正是新课程所强调的价值取向和主要策略。因此，可以说，课程既是独具特色的校本课程，也成了帮助学生树立文化意识、锻炼文化能力的实践智慧之源。

2. 文化态度明显端正。在课题实践中，各学校立足校园文化建设，通过班队会课、家长讲堂、社会实践、参观访问等形式，接触我们的传统文化、了解中华文化的渊源、学习用辩证的方法看待外来文化。班主任老师普遍反映，之前问卷中出现的"媚外"现象明显减少了。通过形式多样的教育活动，目的就是引导我们的学生进一步端正对外部文化的思想态度。在社会主义核心价值体系教育活动中，就是让井冈山精神等精神扎根我们学生的心田，有了学习的自信、生活的自信、核心的自信，那么，学生对文化的自信就培养起来了。

3. 文化鉴赏逐步养成。在实践中我们不难发现，文化鉴赏对学生来说比较困难。通过课题实践，学生的文化鉴赏能力尚处于逐步养成阶段，有初级的意识而已。在社区活动中、在亲子活动中，可明显地觉察到学生的进步。

参考文献：

[1] 费孝通.文化与文化自觉[M].北京：群言出版社，2010.
[2] 云杉.文化自觉 文化自信 文化自强[J].红旗文稿，2010（15-17）.
[3] 何涛.大学的重要使命：传承与发展中华优秀文化[J].龙江高教研究，2007（7）.
[4] 张贵新，饶从满，李广平.新时期师德修养简明读本[M].北京：首都师范大学出版社，2005.

附件1

传统节日里传统文化

《中小学开展弘扬和培育民族精神教育实施纲要》指出,要遵循以学生为主体、重在实践的原则,开展传统节日纪念日教育,以此作为弘扬传统美德、培育学生民族精神的有效载体,从而确定主题教育活动目标。

一、活动内容

模块一:阖家团圆过大年

每年春节是中国最重要的传统节日,须到亲朋好友家和邻居那里祝贺新春。教师以"参与、经历、体验、感悟"的方式,引导学生"学会勤俭、懂得感恩"。

环节一:拜大年立孝心。春节给长辈拜年是中华民族尊老敬老优良品质的体现,遵循传统礼仪小辈应该在大年初一早上给自己的长辈拜年,因此,要求学生们在年初一早上第一件事情,就是给长辈行中国传统礼仪——躬身作揖礼,同时说"祝××春节快乐,身体健康"等祝福的话。

环节二:用好压岁钱树勤俭品质。召开"如何使用压岁钱"主题班会,在讨论中引导学生明确"勤俭节约、适度消费"的美德,逐步使学生养成勤俭节约、适度消费等良好习惯。

模块二:学习雷锋乐助人

环节一:知恩明理伴父母。一、二年级进行"我为爸妈做点事"活动。孩子们自小在父母的抚育下快乐成长,同时父母也为孩子倾尽所有,所以孩子必须学会感恩自己的父母。别看一、二年级学生年纪小,但他们也能为自己的父母做一些力所能及的事,他们可以为妈妈敲敲背,可以在家里擦擦桌子、洗洗碗,事情不大,但也能体现出他们的感恩之情。

环节二：知恩明理服务学校。三、四年级同学的"我为学校清洁护绿"和"我为学校餐厅服务"。该项活动持续近一个月，在这个月中三、四年级的同学按班级轮流为学校服务，孩子们拿着抹布、提着垃圾袋，为学校的绿化和餐厅贡献着自己的爱心。

环节三：知恩明理服务弟妹。五年级同学进行的是"我为一年级同学端饭菜"体验活动。在活动的一个月中，每天中午五年级同学在第四节课下课后，到自己负责的一年级班级，戴好一次性口罩和手套，把一份份凝聚爱心的饭菜端给一年级小弟弟小妹妹，同时一年级的学生也要向为自己服务的大哥哥大姐姐表示感谢。

模块三：清明祭英烈永怀感恩心

学校以清明节为契机，开展以"清明祭英烈永怀感恩心"为主题的革命传统教育活动。

环节一：读英烈颂英烈。查阅资料收集英烈的故事，召开主题班队会传颂英烈们的事迹。在分享查阅成果的同时，再次接受革命传统教育。

环节二：祭英烈学英烈。带领学生走进烈士陵园，让学生在庄严肃穆的气氛中，怀着对革命先烈的无比崇敬之情在祭奠广场集体悼念；面对纪念碑，举起右手，重温入队誓词，深切缅怀革命先烈；在参观纪念馆的过程中贴近历史、了解英烈。助力学生形成继承先烈遗志、弘扬民族精神、积极践行社会主义核心价值观的品质。

模块四：庆六一过端午争做党的好孩子

让每一个学生过一个自主、开心、有意义的儿童节，同时能体验中国非物质文化遗产的魅力，让每个学生都能传承文化、获得感悟，树立民族自信心。

环节一：吃粽子吟古诗品端午。开展端午节活动，让每一名学生都积极参与，体会这个节日的不同之处。学生每人带来一个粽子，边吃边说粽子与端午节之间的联系；做小诗人，举行古诗吟诵活动。

环节二：庆六一体验非遗传承传统文化。邀请香囊、捏面人、汉服、中国结、京剧脸谱、布艺、茶艺、皮影戏等非物质文化遗产的传承人为学生进行现场展示，学生们在亲身实践的过程中可以充分地体会到传统文化的无穷魅力。

二、活动反馈

（一）过程性评价

过程性评价模块一

环节一：拍摄拜年照片，在班级中展示介绍自己拜年的过程和家人，评选拍摄和介绍最佳的同学。

环节二：积极参加主题班会，介绍自己压岁钱的使用方法，评选本班最优使用方案。

过程性评价模块二

环节一：每天为父母服务后，由家长对学生每天的服务在评价表上打分。

环节二：在服务后，由食堂阿姨和学校卫生老师在评价表上打分。

环节三：在为一年级学弟学妹服务后，由一年级班主任在评价表上打分。

过程性评价模块三

环节一：以小组为单位选择一位英烈的事迹，用各种形式在主题班会上进行宣传，评选最佳小组。

环节二：选择一位让自己感到崇敬的英烈，把他的事迹做成小报在班级展示栏展示，全班同学进行评价。

过程性评价模块四

环节一：以小组为单位介绍粽子、端午习俗或者吟诗朗诵等，评选最佳小组。

环节二：每名学生一张活动单，每参加一项非遗项目活动后，由教师或者志愿者家长进行参与情况的评价。

（二）终结性评价

每环节评价分为：A、B、C、D四档，每环节由教师、同学或者家长进行打分或评价，到学期结束把学期内学生每个模块和环节的评价进行合计，作为学生每学期德育评价的重要组成部分之一，同时也会成为每学年评选"六好少年"的重要依据之一。

（三）课程实施效果评价

在学生积极参与到学校的传统节日活动过程中，以学生德育生活化、体验化、地域化等特点，切实增强学校传统节日活动的科学性、系统性、针对性和实效性，根据学生参与度、学生欢迎度、家长接受度、教师操作性、评价合理性、社会反响等方面对每个模块、环节进行评价，以问卷调查的形式收集各方面反馈，对各模块和整个活动进行评价。

附件2

"阳光学校"文化建设的整体架构和思考

A小学在传承优秀学校传统、契合现代学校发展要求的基础上,提出了建设"环境舒适、关系舒心、个性舒展"的"阳光学校"的学校长远发展战略。对"阳光学校"建设的发展战略,学校有整体的长远规划和具体的实施操作方案,其重点就是通过学校文化再造来为学校未来的发展提供优质环境和持久动力。那么,"阳光学校"建设的学校文化再造,其整体框架该如何架构,其具体的创建目标和操作要求又是怎样的呢?

一、理念为先,文化之魂

我们学校在传统的办学历史中,逐渐形成了"阳光教育"的办学思想,提出了"让每一个孩子在阳光下自由生长"的办学理念。在此基础上,学校提出了建设"环境舒适、关系舒心、个性舒展"的"阳光学校"的办学目标,形成环境文化、教师文化、课堂文化、学生文化和管理文化五位一体的文化建设格局。引导教师"以责任和奉献对待自己从事的事业,以求实和创新对待所做的教育工作,以自信和和谐对待自己和他人"。

二、制度为根,文化之翼

一种好的文化,一定是从一套好的制度上开出的美丽的花。

学校在阳光学校建设的框架下,建立了一整套学校制度,学校制度的核心是学校章程,学校就制定了《让每一个孩子在阳光下自由生长》,以此为核心,学校建立了《学校民主管理制度》《学校人力资源管理制度》《学校质量保障制度》三大制度体系,整个制度体系覆盖了学校各方面工作。

我们认为,学校最高效的运行是制度运行,最可靠的运行也是制度运行,最能形成独特文化的学校管理一定是长期有效的制度管理。因此，在制度建设上，我们始终坚持三个要素：第一是精心抓好制度的顶层设计；第二是坚持基于问题的制度创新和完善；第三是牢牢抓好制度的检查和执行。

三、关系孕土，文化之脉

一种好的思想，一套好的制度，只有找到一种好的土壤，一种适合于自身生长的土壤，才会有生生不息的生命力。几十年的办学经验告诉我们，所谓学校的土壤，其实就是一种好的关系，一种充满和谐包容、公平正义、人文道德的关系，一种良好的人际生态。

一是师生关系。我们对师生关系的首要定义是"亲和"，而构建充满"亲和"氛围师生关系的关键因素是教师，因此，我们提出了打造"亲和、敬业、进取"的阳光教师队伍的建设目标，将"亲和"作为教师职业的首要要素，将"亲和"作为从事教师职业，开展教育教学工作的前提，爱学生、由衷地喜欢学生、对教师职业充满激情。不仅如此，一个成功的教师，不仅是一个"亲和"学生的教师，更是一个被学生"亲和"的教师，这恐怕比"亲和"学生更难，因此，"亲和"的师生关系一定是双向的。

二是师师关系。师师关系中，最关键、最敏感的是干群关系。我们将改善干群关系作为校园关系建设的一个重点，倡导"互信"的干群关系。其实，改善干群关系并不是一件难事，关键是学校领导干部要摆正自己的位置，认清自己的角色，改进自己的作风，调整自己的心态。如何来改善？我们认为，要做好以下几方面的工作：第一，要建立明确的职责体系，分工明确，工作到位；第二，要主动接受教师对干部的评价、考核和监督；第三，将倾听群众意见和呼声作为干部工作的一项重要内容。干群关系和顺了，教师关系的改善也就迎刃而解了。在教师关系建设上，我们积极倡导"互助"的教师关系，通过教师职业道德教育、改善教师心智模式教育、教师合作互助共同体建设等一系列教育实践活动，积极营造良好的群体氛围，建立以"互助"为基本特征的教师关系。

三是家校关系。家校关系对学校教育的影响从来没有表现出像今天这样的重要地位。在改善家校关系上，我们坚持做好几方面的工作：第一，坚持开展大规模的家访活动，让我们的教师深入每一个家庭，促进学校、教师和家长的沟通交流；第二，定期开展家长学校活动；第三，定期让我们的家长进入学校，进入课堂，进入学生活动，打破学校和家长的藩篱，加强相互融合。

四是周边关系。在一个开放的社会里，开放办学是必然趋势。处理好与社区、与政府、与周边地区各单位的关系，充分利用各种教育资源为学校教育服务，为学校教育建设一个良好的周边环境显得尤为重要。我们积极开展区域共建，建立多个学生社会实践基地，和驻地部队、警署、居委会、社区卫生中心、敬老院、烈士陵园、工厂企业、退休协会、影剧院等开展内容丰富、形式多样的共建活动，让学生参与社会实践，让学校融入社会环境，让社会支援学校建设，营造了良好的学校周边关系。

整合社区资源·研究德育专题

社区资源融入社会主义核心价值观教育的实践研究

一、研究背景

（一）课题的提出

对中小学生来说，他们正处于思想的萌芽期、价值的选择期、理想的播种期。然而，他们年龄还小，知识能力水平有限，对吸收的信息还缺乏辨析能力，但到了初中，学生的独立意识明显增强，不过在处理身边的许多问题时还表现出不成熟，因此在接受价值观教育的过程中存在一定的难度，需要我们从小处做起，从细节做起，帮助他们在潜移默化中领会社会主义核心价值观的深刻内涵。那么，我们将以什么方式，或是什么载体来开展教育呢？众多的社区教育资源能否真正为开展社会主义核心价值观教育发挥功效呢？

1. **主体意识缺乏**。事实上，一些学校并没有积极主动地把挖潜、利用、整合社区教育资源作为重要工作来落实，没有担当好社区教育资源整合与挖潜的组织者角色。往往是为了某一活动的需要，简单地引用相关资源，活动过了也就完事了，忽视了学生需求、价值取向和实践体验，忽视了这些教育资源应有的教育功效。

2. **教育内容空洞**。好多学校在开展社会主义核心价值观教育时，所选的内容既远离学生的生活实际，又政治色彩浓厚且缺乏感性。片面地认为核心价值观只有24个字，教育内容太虚，没有教育抓手。以高尚得令人难以置信的人物作为"榜样",缺乏针对性而难以入脑入心,这种"只见树木不见森林"的毛病,导致了教育内容的抽象而空洞,自然就难以收到学生情感共鸣式的教育效果。

3. 有效协作不强。学校与社区在社区教育资源的开发和整合中,完全可以发挥各自的优势,在共享中互补。然而,就有一些学校在开展社会主义核心价值观教育时未能做到全员育人,只是随意应付或机械式执行,甚至把核心价值观教育看作是负担和麻烦,学校与社区的交往与协作非常不足,因而导致了教育活动缺乏持续性和整体性。

(二) 研究的意义

在实践中我们认识到社区教育资源具有浓郁的文化气息,丰富的史料、多样的形式是对中小学生进行社会主义核心价值观教育的重要而鲜活的载体。

1. 提升自我动力的重要内涵

把社区教育资源融入社会主义核心价值观教育中,让我们的学生对身边的社会有一个详细的了解和感悟。比如走进现代农业园区,让我们的学生感受科技的力量;走进民防基地,让我们的学生学会自护自救的常识与技能;走进张闻天故居让我们的学生感受先辈艰苦简朴的生活;走进家乡桃园,激发我们的学生热爱家乡的情怀……可见,社区教育资源具有亲和力和感染力。

2. 维护意识形态的有效手段

社区教育资源十分丰富,合理利用、科学整合、适时融入,有着至关重要的作用。这就需要我们坚持以正确的思想为指导,积极开展符合学生身心特点的、贴近他们生活实际的社会主义核心价值观教育,来积极应对西方敌对势力对我们的中小学生意识形态的侵蚀。把社区资源有效地融入社会主义核心价值观教育,切实提升价值观教育的质量。

二、研究设计概述

(一) 研究目标

通过本课题的研究,主要达成以下目标:

1. 梳理并分析各类社区资源，提炼有效的教育资源。

2. 通过体验与实践，探究社会主义核心价值观教育与社区教育资源相融合的方法与策略。

（二）研究主要内容

通过本课题的研究，主要完成以下内容：

1. 研究可以挖潜的社区教育资源有哪些，即调查区内各中小学利用社区资源开展教育活动的现状、梳理分析可利用的社区教育资源的特点。

2. 研究将社区教育资源融入社会主义核心价值观教育的可行性策略，即教育资源整合的策略。

（三）研究方法

本课题研究主要运用了以下方法：

1. 行动研究法：在反思与分析中小学开展社会主义核心价值观教育的成功的经验和存在的不足的基础上，探究将社区教育资源融入社会主义核心价值观教育的有效策略。

2. 经验总结法：总结各中小学开展社会主义核心价值观教育的成功经验，提炼将社区教育资源融入社会主义核心价值观教育的课程化、主题化和校本化建设的可操作性做法。

（四）研究过程

1. 准备阶段（2016年10月至2017年2月）。组建课题组，确定人员分工；相关现状调查和理论梳理；制订课题方案；申报立项。

2. 实施阶段（2017年3月至2018年6月）。各成员按照分工开展研究；课题中期汇报；课题深化研究。

3. 总结阶段（2018年6月至10月）。课题组成员总结研究体会，撰写论文；整理与收集课题研究过程性资料与成果；撰写结题报告。

（三）研究成果

在研究中，我们真切感受到：整合社区教育资源来开展社会主义核心价值观教育是我们课题组的主要任务。

（一）实践融合社区教育资源开展社会主义核心价值观教育的策略

在实践中，许多中小学校结合自己的工作实际，进行了探索：融合与社会主义核心价值观教育密切关联的各种社区教育资源，让学生准确把握社会主义核心价值观的内容和要求，提高对社会主义核心价值观的认知水平；策划适合中小学生的主题教育实践活动，渗透社会主义核心价值观，让学生在参与活动中感悟它的意义，升华觉悟水平；指导学生在学习生活、日常生活与社会实践中主动践行社会主义核心价值观，内化于心，外化于行。

1. 社区教育资源课程化，指导学生了解社会主义核心价值观

本课题的研究，旨在寻找各学科的结合点，适时将社区教育资源融入学科教学，把鲜活的内容引入课堂，细化社会主义核心价值观教育的内涵。无论是图书馆、博物馆、科技馆，还是体育设施、艺术工作室，甚至是居民的生活经验，这些课程不仅丰富多样，而且贴近生活，能够激发学习者的兴趣与潜能，促进其全面发展。学生在社区图书馆里聆听故事会，感受文字的魅力；在科技馆中亲手操作实验，探索科学的奥秘；在艺术工作室里挥洒创意，绘制心中的世界。这样，不仅让社会主义核心价值观的知识变得更加生动有趣，也让

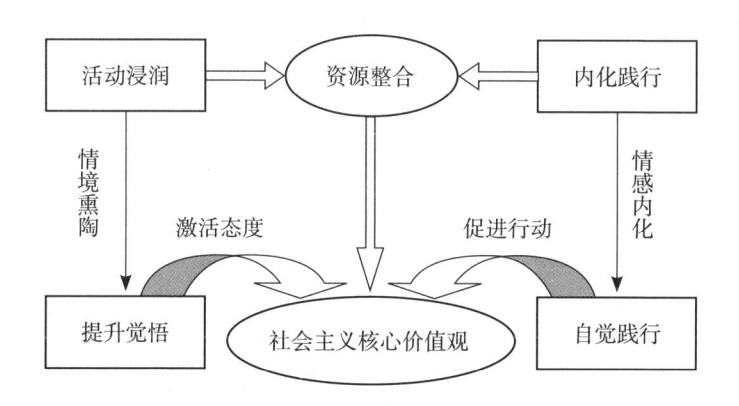

学习成为一种生活方式，一种社区文化的传承。

（1）适时融合，凸显力度

社会主义核心价值观"进教材"就意味着要在语文、地理、品社甚至是数学、化学等课程中集中呈现社会主义核心价值观的基本内容。当然，每门学科有它的独特性，为此，我们要适时而又润物细无声地把社区资源融合进去。在学习《秋冬季的生物》时，让学生们思考：秋冬季节动植物发生了哪些变化？学生对这个问题很感兴趣，但我们老师不能直接告诉答案，而要因势利导，让学生带着问题走进大自然这个课堂进行考察探究。

如在低年级数学教学中，看似简单的加减法，也需要我们教师精心设计。在教学设计中，教师把社区文化活动中心的许多项目引入课堂：数数航天英雄有多少、上海浦江大桥有多少、国际机场每分钟的起降飞机等，在学数学的过程中，把社会主义核心价值观教育的内容融合进来。

（2）系统融合，凸显广度

把社区教育资源融合到教学课程之中，老师们都有这样的想法：教材上的信息十分有限！学生所需要的信息量应该远远超过教材的内容，而社区优秀的教育资源恰好能满足学生学习的需求。教学课程与社区教育资源的整合必须精心选择能融合的内容，设计每一个教学环节都要考虑育人目标和教学目标。

如在思政课中，先把课程的内容进行梳理整合，然后把社区教育资源系统融合，让社会主义核心价值观教育无时不有。

行动一："富强、民主、文明、和谐"是对国家层面价值目标的要求，把社区相关的教育资源融入其中：现代工业园区、古镇风貌特色、社会主义新农村、洋山深水港等，让学生充分认识和感受到经济、政治、文化等各个方面的成就和不足、目标和对策、忧虑和展望，从而增强民族自尊心、自信心。

行动二："自由、平等、公正、法治"是对社会价值取向的概括。按照"是什么—为什么—怎么办"的格式进行整理，而监狱教育基地、人民法院、敬老院等社区教育资源正是鲜活的教材,让学生深切感受到社会主义核心价值观所要实现的美好社会愿景。

行动三:"爱国、敬业、诚信、友善"是价值准则的要求。这些内容主要对学生进行心理品质教育,更多的是爱国、负责、诚信和友善等方面的教育内容。家长大讲堂、参访爸爸(妈妈)的工厂、垃圾处理公司等成熟的教育案例,有针对性地进行社会主义核心价值观教育。

2.社区教育资源主题化,引领学生感悟社会主义核心价值观

由此可见,我们通过整合社区教育资源来开展社会主义核心价值观教育,是非常有必要的。在实践中,许多学校结合自己所在社区的教育资源,进行整合与分类,开展了丰富多彩的主题化教育活动。

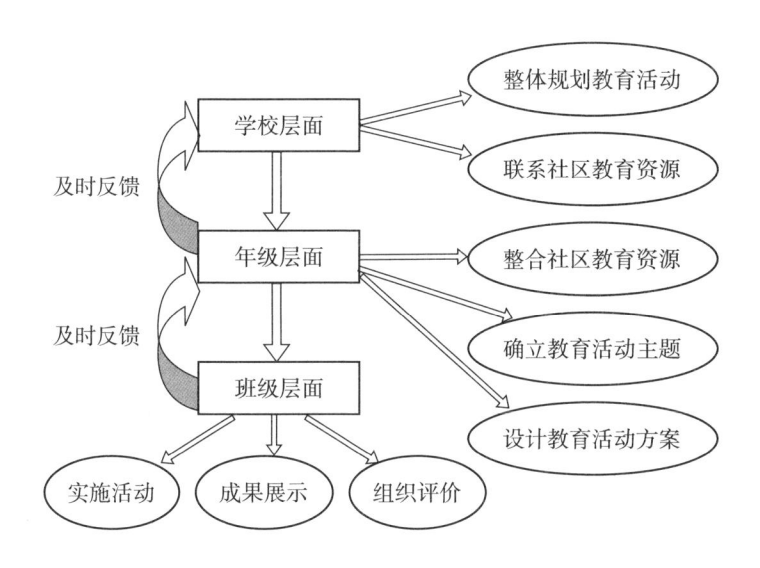

(1)层次型主题设计

研究表明:在设计开展教育活动时,要对不同年段的学生做出统一的活动安排,那就要根据不同年级学生的年龄与身心特点以及认知规律进行设计。同时,在整合社区教育资源时,要保持自然的探索、自我的发展和自律的习惯,开展社会主义核心价值观教育内容的设置更要关注这一特性。低年级学生可以考虑教育活动的趣味性和娱乐性,而高年级学生更应考虑教育活动的理解性和

体悟性。因此，同样主题的教育活动或是运用同一教育资源开展的教育活动，要充分凸显主题的层次性。

如B学校充分利用孔庙这一传统优秀教育资源，把先哲的思想和智慧薪火相传。学校依托这一良好的教育资源，规划、设计、开展极富学校特色的社会主义核心价值观教育活动。学校在教学楼的走廊、校内道路的两侧、办公区域等场所安放《论语》《孟子》名句赏析，让墙壁说话，用环境育人，在日常的学习生活、工作中浸润优秀的儒学文化；开展了一系列"学古诗文，扬民族魂"的校园诗文竞赛；举行了"孔子文化月"活动，进行师生的情景剧展演、辩论赛、专题讲座等相关活动；在初、高中起始年级开设《论语》选读和《孟子》选读课程，组织新生和毕业生开展了"走近孔子""大成殿前的沉思""在圣贤的光芒下成长"等系列主题活动。至此，孔庙大成殿成为南汇一中师生感受传统礼仪、诚信仁义的孔子文化熏陶的重要场所，也为南汇一中构建具有儒学特质的学校文化提供了重要基础。

（2）系列型主题设计

社会主义核心价值观教育面广量大，必须呈现系列化。在设计教育活动时，需要我们将目标进行分解，呈现几个系列型主题。围绕这些系列型的主题，我们组织学生以查阅资料、实地采访、探究寻访等方式完成主题目标。通过系列型主题的设计，把社会主义核心价值观的相关目标分解成容易达成、可以理解、便于操作的小目标，这也符合学生认识事物的规律。

如C小学设计了以"学校史、忆伟人、勇担当"为主题的系列实践活动，引导学生从小立志向、有梦想、爱学习、爱劳动、爱祖国，努力成长为担当民族复兴大任的时代新人。

系列1：走进内史第——一次自主探究。"走进内史第、感知成长史"，了解黄炎培的成长历程，感知伟人的思想变革，学生将以探究小报告的形式，记录自己的所见所感。

系列2：校史知伟人——一次参观活动。古色古香的校史陈列室，见证学校的成长与发展，尤其是校史长廊展示了黄炎培先生"创办新学""积极筹办"等"办学宗旨"。

系列3：品读黄炎培——做一回朗读者。引导学生不仅能在自己朗读的过程中更深入地了解黄炎培，而且通过声情并茂的朗读，将有温度的声音带给更多的人，让大家都能感受到伟人的各个方面。

系列4：学《踏雪寻梅》——传唱一首红色歌曲。1931年"九一八"事变以后，基于爱国热情，黄自谱写了《抗敌歌》《热血》等抗日救亡歌曲。《踏雪寻梅》由黄自作曲，曲调轻快，词曲并茂。在音乐老师的指导下，人人学唱。

系列5：激发爱国情——举行一些延展活动。引导学生传承红色基因、继承革命事业，帮助学生树立远大理想，深入开展社会主义核心价值观教育。举行"幸福了，我的家——小家奔小康"一图一语摄影故事征集活动，用图文来诠释改革开放以来每个小家发生的可喜变化和幸福写照。举行"你好，2035——'我的未来之家'手绘明信片"活动，用画笔、用想象描绘未来之家的美好景象，激发学生担当民族复兴大任的责任感。

3.社区教育资源校本化，帮助学生践行社会主义核心价值观

结合不同学校的实际，将社区教育资源引入学校教育，形成校本化课程。研究可见：我们身边的这些社区教育资源，洋溢着家乡的文化气息、浸润着大家的聪明才智、透射着奋进的感人情怀。将这样的社区资源最终转化为我们所需的教育资源，融合丰富的社区教育资源开展社会主义核心价值观教育，有助于我们的学生关心社会、关注社会，融入社会。

（1）专题式融入，精心设计

在实践过程中，许多学校根据自己的发展特色开展专题式的融入，把社区的某项教育资源融入自己的学校从而形成校本课程。专题式融入的首要步骤是明确教育主题，既贴近学生的生活，又具有时代的教育意义，能够激发学生的学习热情与参与意愿。当然，主题的设定需要考虑资源的可获取性与实施的可行性，确保教育活动的顺利进行。精心设计，需要注重内容的系统性、逻辑性

与趣味性，确保学生能够在愉悦的氛围中收获知识、提升能力。

第一，融入社区人力资源。我们所在社区有着众多具有比较丰富社会实践能力和知识积累的优秀人士，他们有的在职、有的退休、有的全职在家。对于学校教育，他们都愿意无私地、自觉地、志愿地成为师资队伍中的志愿者，他们甘愿以实际行动来诠释"人尽其才"的内涵。在这支队伍中，尤为突出的是我们的学生家长。

> 如D中学提出了"生命、生活、生态"这一课程主题，组织学生去极地研究中心和"雪龙号"南极科考船上参观学习考察，了解我们国家南极科学考察事业的发展，弘扬"爱国、拼搏、协作、创新"的极地精神；组织孩子去上海知名企业——大白兔奶糖的生产基地参观，了解民族知名品牌的诞生与发展历史；去大飞机制造、三一重工等民族工业企业参观，感受科技创新带给国人的自信；去张江的中药种植园——百草园，通过听讲解和参观，了解祖国中医文化的独特魅力；去上海通用、家乐福物流，了解洋品牌在中国的本土化历程……这些地方都成了孩子们开展社会主义核心价值观教育的第二课堂。

第二，融入社区设施资源。社区有着丰富的活动场地、活动场馆和媒体设备等资源，这为我们开展社会主义核心价值观教育提供了强有力的保障，关键是我们如何协调、如何运用、如何融合。社区内的众多单位或企业对教育的发展还是非常关注和投入的。

> 如F学校结合社会主义核心价值观实践活动，开展了针对特殊孩子的教育。组织学生走进敬老院、幼儿园、假日小队服务社区、外来民工子女学校、孤老村民家、军营，参与社区文艺演出、参加各类参观实践……到超市购物时，引导学生不要把物品弄乱，要尊重他人的劳动；乘车时，引导学生要排队等候，看到老弱病残的人要让座；到纪念馆参观时不大声喧哗……通过这样的社会实践活动，让学生去体验、去积累、去尝试。

第三，融入社区活动资源。现在的社区活动异常丰富而有特色，犹如空中的繁星释放着亮光：红色泥城主题馆的革命烽火系列活动、文化中心的红色电影展播活动、时间银行+爱心银行+诚信银行系列活动等，都为各学校更好地融入其中并开展好社会主义核心价值观教育提供了借鉴和支撑。这样的教育资源是社会主义核心价值体系的宝贵资源，可引导中小学生树立正确的人生观和价值观，切实弘扬主流文化。

如H中学充分发挥国际社区的资源优势，在社区活动中、文化冲撞中，让学生去感悟。在金桥镇政府的支持下，学校聘请了专业团队的演员，开设沪语课程，教孩子学唱上海童谣，这些童谣既承载着上海这座城市的文化变迁，也记录了近代上海的社会生活。孩子们在学唱上海童谣的过程中形成的审美意识会内化为一种文化意识，并在心理上形成认同感；开设戏曲社团，教孩子们学唱越剧、沪剧、京剧、豫剧……在"唱念做打"的体验中，感受不同地区的戏曲文化魅力，了解戏曲塑造国家文化形象的独特作用；成立民乐队，学习中国民族乐器的演奏技巧。

（2）综合式融入，整体架构

将社区内各类教育资源进行系统性整合，形成一个互补、协同的教育生态系统。本课题所涉及的综合式融入是指许多中小学校在融合社区教育资源开展社会主义核心价值观教育时，把某项教育资源整体架构，融入自己学校校本课程之中，并按不同的目标与要求，对不同年龄的学生开展相对应或是相适应的教育活动。过程中，从基础层——普及型课程、提升层——兴趣拓展课程、实践层——应用型课程等三个层面进行整体架构，这不仅仅是对资源的简单相加，更是形成一股强大的合力。

如M小学有着丰富的家长资源，学校大部分家长都是当地的种桃能手。学校依托地域优势和家长资源，用课程的形式把"桃文化"引入校园，引入课堂，丰富学生学习生活，完善学校课程结构，提升学生综合素质。学校建立了"桃文化"实践基地、成立了"探秘桃园"探究实验室；组建了校外辅导员队伍、创建了"桃蹊园"少先队活动社团；开展了"探秘桃文化"主题探究活动、"桃文化"微视频制作亲子大赛；把家长请进课堂、让桃农展示风采；开展"桃文化"亲子土布设计大赛，共享"桃"之美；构建"微社区"，做最好的自己……"桃文化"德育主题活动发挥着家校合育的作用，细化了社会主义核心价值观教育的内涵。

又如T小学在开展社会主义核心价值观教育中，综合融入了乡土文化资源，形成了《以乡土文化为载体，培养学生的爱乡情怀》的校本教材。教材由《江南水乡，农家风貌》《悠久历史，民间风俗》《爱国激情，光辉战斗》《现代工商业，发达农副业》《文化繁荣，社区新貌》等五个部分组成。教材内容着重介绍家乡沿革、乡土资源、民俗乡风、人文景观，促进学生对家乡民风乡俗的认识，加深学生对乡土文化的理解，从而增强学生对家乡的感情和自信。实践感悟、合作探究和网络资源的开发利用等教学方法的使用进一步丰富了学生的情感体验。让学生在了解乡土文化的基础上播下传承乡土文化的种子，把社会主义核心价值观教育充分凸显。

（3）体验式融入，情境育人

我们都认识到：可以通过创设具有教育意义的情境，引导学生在参与体验中学习知识、培养能力，逐步达成社会主义核心价值观所指向的要求。在模拟或真实的社会情境中，引导学生在解决问题的过程中学习和成长，弥补课堂教学的纸上谈兵和校园实践活动的形式限制。在体验式融入中，我们鼓励学生根据自己的经验和兴趣，去关注成长过程中的情感、社交、身体和智力等多方面的素养，真正体现学生在"游中学、学中悟、悟中获"。

例如K中学充分利用第二工业大学这一资源开展教育活动。一是组织学生参观二工大的实验室，二是邀请大学生志愿者到课堂中给学生做科学小实验。学生们来到二工大的生物实验室、趣味物理实验室、化学实验室，看着大学老师的实验演示，听着他们的精彩介绍，大开眼界，对科学实验充满了期待与幻想。在大学生志愿者的引导下，窃听装置的演示、磁悬浮列车的模拟、太阳能汽车的驾驶、3D打印的体验，都深深地吸引着他们；在化学实验室里学生们又对化学试剂生成的魔幻颜色赞不绝口；在材料陈列馆里学生们又目睹了从最古老到最现代的材料，为那些先进的纳米材料带来的神奇效果而惊叹不已。大学生志愿者也定期走进学生的课堂，大气的压力、光的折射、水的张力……让学生在动手实践中懂得科学的道理，感受知识的魅力。

（二）课题研究的成效

经过近两年的研究与实践，我们充分认识到了本课题研究的实践意义，在开展社会主义核心价值观教育中，把社区的教育资源充分融合起来，把看似枯燥的内容具体化、把看似远大的目标细分化、把看似单一的形式多样化，达到了预期的实践效果。

1. 改变了教师的课程观

老师们在指导学生活动、参与社区教育资源开发与融合的过程中，观念获得了更新：融入社区内什么样的教育资源？他们不仅懂得了以发展的眼光去欣赏每一个学生，更懂得了在课程建设中师生共同成长的新思维，也深化了教师对社会主义核心价值观教育的认同。各学科的课堂教学成为师生共同探究新知的平台，教学内容生活化，教学过程活动化，教学评价多元化已成为普遍的追求。

2. 形成了特色的资源包

社区教育资源包含了极为丰富的内容，其教育价值也是难以估量的——是滋养学生健康成长的精神养料，是认同社会主义核心价值观的感悟过程，是培育热爱意识责任意识的德育形式。在融合社区教育资源、开发校本课程的实践研究中，形成了共识：在什么基础上开发、为什么开发、怎样开发，逐步探索出一条适合于社情与校情、富有学校发展特色、满足学生成长需求、符合社会主义核心价值观教育的校本课程开发之路。

参考文献：

[1] 张会师，王素芬，丁文利.社区与学校整合资源实现"双赢"全面培养学生[J].中国农村教育，2014（12）.

［2］李伟林，吴望春.沿海发达地区城乡社区教育资源统筹配置研究［J］.继续教育研究，2013（7）.

［3］李学勇，林伯海.社会主义核心价值观的代际整合探析［J］.党建与思想教育，2016（13）.

［4］王洪斌.学生组织行为管理学［M］.大连：工业大学出版社，1989.

［5］李松林，黄晶晶.关于社区课程资源开发的个案研究［J］.教育科学，2003（6）.

附件1

中小学开展社会实践活动的现状调查

一、调查背景和目的

社会实践活动是指以学生为主体、学校为依托、社会为舞台的广泛教学形式，也是学生综合素质形成和提高的重要方式和途径。

近年来，随着相关文件的出台，各学校重视和加强了学生社会实践活动的组织工作，学生参与社会实践活动的时间得到了更有力的保障，学生的综合素质也有了比较全面的提高。然而，不可否认，就目前中小学社会实践活动的开展情况来看，家庭社会实践活动的日趋频繁，原有的学校社会实践活动的途径、方法和内容已经无法满足学生发展的需求。

为了能够使广大教育工作者更真实、客观、全面地了解目前社会实践活动存在的问题和成因，探索更为有效的社会实践活动的途径和方法，使中小学社会实践教育取得健康长足的发展，我们确立了"中小学开展社会实践活动现状的调查分析"研究课题，旨在了解区域内中小学生社会实践活动的现状，结合家长和学生对社会实践活动的需求和愿望，分析目前社会实践活动中存在的普遍问题、成因及解决的对策，探索学校组织社会实践活动更为有效的途径和方法，以真正提高学校德育活动的实效性，全面提升学生的综合素质。

二、调查对象和方法

本次调查的对象为区内部分中小学的教师、学生及家长。针对国家、市、区对学校开展社会实践活动的要求，我们通过讨论和研究，设计了教师、学生和家长三个层面的问卷。每份问卷由两部分组成：第一部分为选择题（单选和多选），主要是了解各中小学开展社会实践活动的现状，以及教师、学生、家长对现状的满意度；第二部分为主观题，主要是获取教师、学生、家长对开展社会实践活动的意见及建议。

本次调查，主要采用了网上问卷和纸质问卷相结合的形式。我们把问卷公布在"问卷星"平台，在规定时间内，教师、学生和家长通过微信扫码的方式，进行不记名答卷；课题组又通过发放纸质问卷对信息采集进行了调整和补充。

三、现状分析与问题

问卷回收情况如下：

课题组共收到教师有效问卷1 205份，其中小学教师755份，占比62.7%，中学教师450份，占比37.3%，涉及50多所中小学，约占新区中小学总数的19%；家长有效问卷5 520份，其中小学家长2 440份，占比44.2%，中学家长3 080份，占比55.8%；学生有效问卷31 830份，其中小学生11 190份，占比35.2%，中学生20 640份，占比64.8%，约占新区中小学生总数的12.7%。从以上相关数据表明，本次问卷调查的结果具有较强的代表性。

问卷回收情况

类型	小学教师	中学教师	小学家长	中学家长	小学生	中学生
份数	755份	450份	2 440份	3 080份	11 190份	20 640
占比	62.7%	37.3%	44.2%	55.8%	35.2%	64.8%

调查数据分析如下：

1. 学校比较重视社会实践活动，有改进社会实践活动的意识和举措。问卷显示，96.98%的学生认为学校每学期都会组织开展社会实践活动；51.45%的教师认为学校组织社会实践活动前每次都会征询老师的意见，36.10%的教师认为学校偶尔会征询老师的意见，而从来未被征询意见的老师和不清楚的分别占7.88%和4.56%；在家长问卷中，60.05%的家长每次都会收到学校的意见征询，23.55%偶尔会收到意见征询，而从来未被征询意见和不清楚的家长分别占8.42%和7.97%。被征询意见的教师和家长分别占到了87.60%和83.60%。由此可见，学校比较重视社会实践活动，基本上每学期都能组织学生开展社会实践活动。为了让社会实践活动更契合学生实际、满足家长需求，学校在开展社会实践活动之前也基本能征询教师和家长的意见，这也充分说明学校有改进社会实践活动的意识和具体的举措。

学生问卷第2题　你所在学校是否每学期都组织开展社会实践活动？

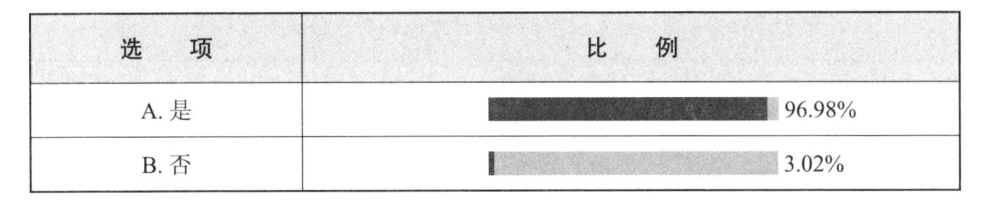

选　项	比　例
A. 是	96.98%
B. 否	3.02%

教师问卷第5题　学校组织的社会实践活动是否会征询教师的意见？

选　项	比　例
A. 每次都会征询	51.45%
B. 偶尔会征询	36.1%
C. 从未征询过	7.88%
D. 不清楚	4.56%

家长问卷第8题　学校组织的社会实践活动是否会征询家长的意见？

选　项	比　例
A. 每次都会征询	60.05%
B. 偶尔会征询	23.55%
C. 从未征询过	8.42%
D. 不清楚	7.97%

2. 学生普遍喜欢参与学校组织的社会实践活动，基本明确了社会实践活动的目的。问卷显示，80.49%的学生喜欢学校组织开展的各类社会实践活动，一般和不喜欢的分别占17.91%和1.60%；家长问卷中，认为孩子参加社会实践活动的积极性高的占85.69%，而一般和有排斥情绪的分别占14.22%和

0.09%。数据充分表明，学生参与学校社会实践活动的积极性高，普遍喜欢参与学校组织的社会实践活动。此外，73.33%的学生在参与社会实践活动前学校布置了明确的实践任务，没有布置实践任务和不清楚任务的分别为13.38%和13.29%。可见，大部分学生有实践任务，明确实践活动的目的。

学生问卷第4题　你喜欢学校组织开展的各类社会实践活动吗？

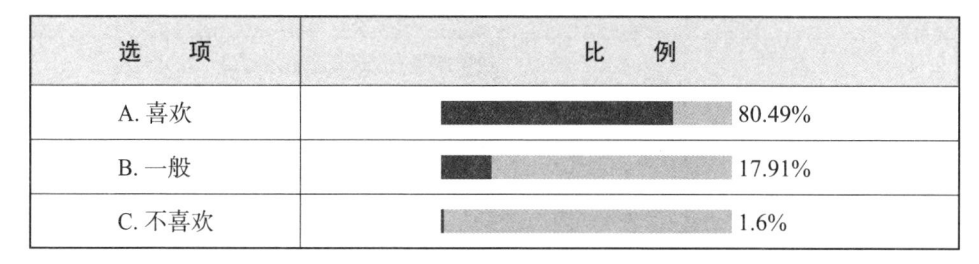

选项	比例
A. 喜欢	80.49%
B. 一般	17.91%
C. 不喜欢	1.6%

家长问卷第4题　您的孩子对参加社会实践活动的积极性如何？

选项	比例
A. 很高	54.53%
B. 较高	31.16%
C. 一般	14.22%
D. 有排斥情绪	0.09%

学生问卷第10题　学校组织社会实践活动是否布置具体的实践任务？

选项	比例
A. 有	73.33%
B. 没有	13.38%
C. 不清楚	13.29%

3.学生普遍认同社会实践活动是学校教育不可缺少的一部分，并认同社会实践活动在自身成长过程中的作用。问卷显示，在回答多选题"你认为学校组织的社会实践活动给你最大的收益是什么"时，学生的回答依次是培养了良好

的道德品质和社会责任感（75.59%），拓展了知识面和眼界（72.01%），增强了团队合作精神（71.72%），培养了创造意识和实践动手能力（64.28%），增强了沟通和交往能力（62.58%），有利于心理的健康发展（52.4%），提高了劳动技能（44.02%），强身健体（42.04%），有利于促进身心健康的发展。

学生问卷第8题 你觉得学校开展社会实践活动有必要吗？

选 项	比 例
A. 很有必要	64.66%
B. 有必要	30.54%
C. 无所谓	3.68%
D. 没有必要	1.13%

学生问卷第12题 你认为学校组织的社会实践活动对你最大的帮助是什么？

选 项	比 例
A. 培养了良好的道德品质和社会责任感	75.59%
B. 培养了创造意识和实践动手能力	64.28%
C. 增强了沟通和交往能力	62.58%
D. 增强了团队合作精神	71.72%
E. 拓展了知识面和眼界	72.01%
F. 强身健体	42.04%
G. 提高了劳动技能	44.02%
H. 有利于心理的健康发展	52.4%
I. 其他	14.99%

4. 学生参加社会实践活动的次数偏少、时间不足。问卷显示，每学期参加1—4次社会实践活动的学生为62.55%，每学期参加5—10次的学生为32.83%，每学期10次以上的为4.62%。如果把一次社会实践活动换算成一天的话，实际

上，除了春秋游、学军学农学工和考察交流活动，有95.38%的学生每学年的社会实践活动不到10天，只有4.62%的学生每学年的社会实践活动达到了10天以上。数据充分表明，学生参加社会实践活动的次数是偏少的，时间是不足的，特别是中学生。

学生问卷第7题　每学期你参加社会实践活动的次数是_____。

选　　项	比　　例
A. 1—4次	62.55%
B. 5—10次	32.83%
C. 10次以上	4.62%

5. 社会实践活动的形式、内容与家长的期望和需求存在着一定的差异，不能满足学生的需求。问卷显示，目前各中小学开展的社会实践活动前三名依次为参观爱国主义教育基地（85.48%）、参观各类场馆（84.65%）、欣赏儿童剧或音乐会（77.59%）。但家长更希望孩子参加的社会实践活动前三名依次为科技创新活动（70.2%）、生活体验活动（67.84%）、志愿者服务活动（66.58%）。可见，目前社会实践活动的主要形式偏重参观学习，更适宜亲子式的家庭实践活动，但家长期望学校开展的社会实践活动则偏重实践体验，更适宜学校集体活动，更有利于培养学生的创造意识、实践能力和团队精神，所以说目前学校社会实践活动的形式、内容与家长的期望和需求存在着一定的差异。而在学生问卷中，只有48.63%的学生认为学校的社会实践活动能满足自己的需求，基本满足和不满足的分别占45.05%和6.31%，占一半以上，说明学校目前的社会实践活动尚不能满足学生的需求。

教师问卷第7题　您所在学校组织的社会实践活动主要有哪些形式？

选　　项	比　　例
A. 参观爱国主义教育基地	85.48%
B. 志愿者服务活动	50.21%

续 表

选项	比例
C. 社区各类活动	56.85%
D. 参观各类场馆	84.65%
E. 科技创新活动	61.83%
F. 生活体验活动	52.28%
G. 欣赏儿童剧或音乐会	77.59%
H. 社会调查活动	22.82%
I. 学军学农学工	19.92%
J. 国外考察与交流活动	19.5%
K. 其他	10.37%

家长问卷第11题 您更希望孩子参加哪些内容的社会实践活动？

选项	比例
A. 参观爱国主义教育基地	54.44%
B. 志愿者服务活动	66.58%
C. 社区各类活动	48.37%
D. 参观各类场馆	48.37%
E. 科技创新活动	70.2%
F. 生活体验活动	67.84%
G. 欣赏儿童剧或音乐会	44.84%
H. 社会调查活动	41.39%
I. 学军学农学工	36.32%
J. 国外考察与交流活动	31.52%
K. 其他	6.97%

学生问卷第15题　目前学校开展的社会实践活动满足你的需要吗?

选项	比例
A. 满足	48.63%
B. 基本满足	45.05%
C. 不满足	6.31%

6. 学校建立了社会实践活动的相关制度，但应急意识和事故预防能力有待提高，评价体系尚未完善。多选题"为了更好地开展学校社会实践活动，贵校建立了哪些制度"，教师的回答依次为"社会实践活动实施方案（87.14%）""学生外出安全管理制度（82.57%）""社会实践活动应急方案（68.46%）""社会实践活动评价制度（63.07%）""其他（5.39%）""无（0.83%）"。以上数据说明，为促进社会实践活动的有序、有效开展，学校建立了社会实践活动的相关制度，如社会实践活动实施方案、学生外出安全管理制度、社会实践活动应急方案、社会实践活动评价制度等。但数据比例说明，学校在制定社会实践活动有关制度时，存在重方案轻预案、重管理评价的现象，应急意识和事故预防能力有待进一步提高，评价体系还须进一步完善。

教师问卷第14题　为了更好地开展学校社会实践活动，贵校建立了哪些制度?

选项	比例
A. 社会实践活动实施方案	87.14%
B. 学生外出安全管理制度	82.57%
C. 社会实践活动应急方案	68.46%
D. 社会实践活动评价制度	63.07%
E. 无	0.83%
F. 其他	5.39%

四、问题成因与对策

问题一：学生参加社会实践活动的次数偏少、时间不足。

成因分析：

1. 没有树立正确的育人观念。作为学校教育不可或缺的一部分，社会实践活动本应是课堂教学的补充和延伸，是实施素质教育的关键环节，也是学生综合素质形成和提高的重要方式和途径。学生课业压力大，学校组织学生社会实践的次数偏少，是对科学育人观念的理解存在偏差或欠缺，因而忽视了社会实践的开展与实施，导致学生参加社会实践活动的时间难以保证。

2. 没有建立健全的保障机制。在有些区域和学校，尚不能充分得到支持和保障。同时，中小学生课外实践活动开展的制度保障在现阶段也没有充分建立健全。如项目、种类、内容、途径、要求、社区和家庭所需的资源和支持、考核评估指标等尚缺乏系统的要求和标准。在缺乏充分的物质保障和制度保障的情况下，中小学社会实践活动的时间、数量和质量就受到较大的限制。

对策：

1. 学校所在区、社区、社会实践基地建立统筹协调的组织机构，组织开展丰富多彩的学生社会实践活动。中小学生社会实践涉及学校、家庭、社区和教育主管部门各个层面，需要建立统筹协调的组织机构，形成合力，才能全面、可持续地开展。

2. 注意研究和推广中小学生家、校、社区、实践基地联动的课外实践活动的成功经验和做法，学校通过宣传，使家长、社区成员、社会实践基地等更多的人与机构，积极参与、支持、组织学生社会实践活动。

问题二：社会实践活动的形式、内容与家长的期望和需求存在着一定的差异，不能满足学生的需求。

成因分析：

1. 活动形式单一，不能满足学生和家长的需要。家长对孩子的培养观念也发生了根本的改变，由原来重点关注孩子的学习状况逐渐过渡到了关心孩子的身心健康、情感世界、意志品质等一些非智力因素。家长热衷于利用双休日或假期带着孩子外出旅游、踏青、参观博物馆、游览动物园等，让孩子增长见闻、培养情操的同时，加深与孩子之间的感情。而反观学校组织的社会实践活动，无论是内容还是组织形式，都会使得学生逐渐丧失对这些活动的兴趣与热情，缺乏积极参与的内在动力。

2. 缺乏系统思考，没有发挥社会实践活动的德育功能。部分基层学校在社会实践活动组织形式的认识上还存在着比较大的误区，以为社会实践活动就是春秋游、参观场馆公园等少数几项常规性的活动，学校只要定期组织安排就行。甚至还有的学校把社会实践活动当作是一项不得不完成的任务，因此，在安排活动时，就不会去深入研究何种实践活动会促进学生能力的发展、创造力的培养，往往会忽略了在这过程中去提高学生的道德水平，发挥它的育德功能。

对策：

1. 丰富社会实践活动的形式，满足学生和家长的需求。让学生在这过程中放松心情、增长见识，更是促进学生健康成长、提高学生综合能力的有效途径。因此，对学校来说，在选择组织社会实践活动时，要根据活动目标任务、学生实际、教师能力等综合因素，精心组织、灵活安排、有效开展，通过形式多样的实践活动，如参观实践、社会调查、节日考察、爱心劳动、比赛活动等，满足学生及家长的需求。鼓励学生自主选择、主动参与，引导学生在社会实践活动过程中善于发现问题、勇于解决问题，并在解决问题的过程中学会观察、研究、思考，学会与他人相处、合作分享，在这个过程当中获得实践体验的快乐，并不断完善自我、提升自我。

2. 探索社会实践活动与德育工作相融合。社会实践活动是学校德育的一条重要途径，要有计划地融入德育工作，这不仅对社会实践活动的效果产生积极的影响，发挥其育人功能，同时也有利于增强德育工作的针对性和实效性，有利于提高学生的道德水平。因此，在设计实践活动时，要从学生学习的实际出发，通过参观敬老院、爱心学校、烈士陵园等社会实践活动基地，增强学生服务社会的意识与能力，树立正确的道德意识和刻苦的实践精神，帮助他们内化道德规范。

问题三：社会实践活动的制度不够完善，成效不够鲜明。

成因分析：

1. 基层学校缺乏制度的规范意识。学校须对学生行为规范和安全方面的要求更高。规范的制度不但能规范学生的行为，确保学生活动中的安全，更能提高活动的实效性。但是，目前有很大一部分学校只是为了完成上级规定的任务，为了应付各类检查和考核，只是为了活动而活动，为了资料而资料，导致很多学校只有社会实践活动的实施方案，甚至只有简单的活动计划或活动安排，根本没有形成相关的制度。有些学校虽然对社会实践活动的组织管理、学生安全、奖励方法等方面有要求，但是制度的随意性较强，只是在每次方案中简单要求，缺乏整体思考，没有系统化、文本化。一部分学校制定的相关制度也存在重方案轻预案、重管理轻评价的现象。

2. 教师缺乏对制度的执行力度。教师是制度的监督者，更是制度的执行者。但是，目前很大一部分学校只是把制度当成了一个文本，缺少对制度执行的指导、监督和考核，导致教师对制度的执行力度不够。如很多老师只知道有"社会实践活动应急预案"，对"预案"中的内容一概不知，如果真的遇到意外就束手无策，出现了不少家长因学校意外事故处理不当而和学校打官司的案例；很多学校虽然要求教师对学生社会实践活动进行有效指导，但是很多情况下，教师只是起到了陪同看管的作用，特别是春秋游实践活动，很多情况下学生都只是在导游的指导下开展活动。

对策：

1. 学校要加强社会实践活动的组织管理和制度建设，保证活动的有序开展。首先，学校德育部门要成立"德育主任—大队辅导员—年级组长"学生社会实践活动三级领导小组；制度的制定要做到一个"全"、两个"细"、三个"征"。其次，要形成有效的工作机制。活动前由德育主任组织班主任或活动指导老师进行相关制度的学习，班主任或活动指导老师要组织学生进行相关制度的学习；活动时，年级组长要做好相关制度的推进和检查工作，班主任或活动指导老师要做好辅导工作；活动后，班主任或活动指导老师要组织做好活动的各项评价，年级组长要反馈制度落实情况，并对班级活动进行考核，少先队大队部要做好典型个人和典型集体的表彰工作。

2. 要进一步研究学生社会实践活动的激励评价机制，提高活动的实效性。提高活动实效性的一项重要举措，就是对学生的激励评价，对学生社会实践活动的行为规范、实践内容等做详细的要求，让学生明确实践活动的目的，活动结束后可以从学生行规、任务完成情况（主动探究、小组合作、达成度）等角度进行评价。

附件2

友 情 有 情

一、活动理念

友谊是一个经久不衰的话题，人生的每个阶段都需要友谊的支撑，它丰富了我们的人生。本节活动课的设计旨在通过一系列活动，让学生在活动中比较愉悦地认识自己身边的友谊，以及那些始料未及的、尚未意识到的、令人惊喜的友谊。同时，学会一些与朋友相处时的秘诀，在维持与增进友谊的同时，为今后拥有更多的朋友打下基础。

二、活动目标

1. 正确认识自己身边的友谊，体会友谊的重要性。
2. 了解与朋友相处的秘诀。
3. 珍惜身边来之不易的友谊。

三、活动准备

课件、护眼罩、友谊树及树叶、搜集相关资料等。

四、活动过程

课前循环播放预初新生入校军训、政训、到食堂吃饭的照片，激起学生的兴趣，营造课堂气氛，迅速进入课题。

（一）导入

师：看完视频后你最想说什么？视频中有没有你的好朋友呢？能不能和大家分享一下你和你的好朋友之间发生过的有意思的故事？选取一位同学进行分享，其他同学认真聆听。（如果学生一时间回答不出，就以其他形式进行提问：能不能透露一下你朋友的姓名呢？你们是怎么相识的？你印象最深的和你朋友间发生的事情是什么？能不能分享一下？）

引导：每个同学都拥有自己的朋友，与朋友之间也都发生过或开心或苦恼的事情，有时甚至会抱怨自己的朋友。但正因为在我们的生活中有朋友的加入，才丰富了我们的生活，让我们的世界变得五彩缤纷。

（二）你是我的眼

师：在我们的生活中，不可避免地会遇到一些困境，这些困境是自己一个人无论多努力也摆脱不了的。这时，如果你的身边有你的朋友，你的处境又会变得怎么样呢？

创设情境：当你外出乘船旅游时，你乘坐的船遇上了暴风雨，你被困在一座孤岛上，四周没有任何生物，夜幕也早已降临，这时的你迫切想要回家。

环节一：请把我带回"家"

规则：（1）所有小组派遣一名代表上台用眼罩蒙上双眼；（2）台上的同学左右手交叉做象鼻状顺时针转8圈；（3）转完指定的圈数后，请邀请自己的一位朋友将自己带回"家"。体验分享：当你被自己的朋友带回"家"时，你有什么感受？

环节二：谁来把我带回"家"

规则：（1）小组派遣一名同学上台用眼罩蒙上双眼；（2）双手交叉做象鼻状顺时针旋转8圈；（3）请呼唤"谁愿意把我带回家"；（4）愿意将"遇难者"带回家的同学均可一起上去将他"带回家"。体验分享：当有那么多的同学都愿意帮助你回"家"时，你的感受是什么？

智者之言：有朋友真好，朋友多真好。

引导：老话说得好，朋友多了路好走。当我们遭遇困境时，朋友总是能够陪伴在我们身边，帮助我们渡过一个又一个难关。

（三）友谊守则

师：朋友对我们来说是那么重要，那么我们自己拥有多少朋友呢？现在我们来个课堂小调查，请大家每个人细细数一数自己有多少个朋友。

学生将朋友的个数大声地说出来。

师：为什么有的同学拥有的朋友数量多？有的同学的朋友数量少呢？请把你认为能够成为朋友的条件或特征写在纸上。

学生在友谊守则上填写自己认为的成为朋友的条件或要求、特征。

体验分享：你希望你的朋友是怎么样的？

你觉得你的朋友会希望你做到些什么？

智者之言：要结识朋友，自己得先是个朋友。

引导：我们在对别人提出意见、要求的同时，实际上也是在对自己提出意见，在你希望别人能够做到的同时，别人何尝不希望你也能同样做到。

（四）友谊碰碰车

师：朋友间产生一些矛盾是十分稀松平常的事情，那么我们怎么样才能够维护好我们的友谊呢？接下来考考我们同学解决问题的能力。

9个小组的组长分别上台抽取任务书，共4个情境。

师：当你遇到这些情境时，你会做些什么？请6人小组讨论一下，总结你们认为最有效的解决方法。

体验分享：你觉得他们在情境中的处理是否恰当？你是否有更好的解决方法？

引导：友谊建立在志同上，巩固在真挚中，发展在批评里，断送在奉承中。为了使我们的友谊能够恒久远，请尽心、用心呵护我们的友谊。

（五）栽种友谊树

师：真正的友谊，是一株成长缓慢的植物。在这个世界上，有一棵神奇的友谊树，最近，这棵友谊树生病了，上面爬满了害虫，它十分痛苦。同学们，你们能不能帮帮它呢？

1. 除害行动

师：请找到树上你认为会影响到友情发展的病虫害，并将它们清除。

2. 灌溉行动

师：清除了病虫害，为了友谊树能够常青，能够茁壮成长，请为友谊树的生长提供养分。学生填写友谊卡后挂满友谊树。

引导：我们每位同学都是友谊树能够健康成长的功臣，希望每位同学都能栽种自己的友谊树！

五、教学反思

和谐师生关系，从细微之处入手。学生是课堂的主体，教师根据教学内容，预设学生对每个知识的可能反应，备好每一节课，力求每一节课都上得精彩。但是，学生的思维又是千变万化的，在课堂当中经常会出现一些预设不到的想法与行为。这些想法与行为如果得以很好地处理，将会成为一笔可贵的财富，同时能够更加拉近与学生之间的距离。在课堂上，教师设置了"谁来带我回家"这样一个活动环节，设计的目的是让同学们自己发现身边可能潜藏的好朋友，同时也让同学们感受到"朋友多真好"。在课堂上，上台完成活动的同学由小组讨论推荐。在教师的设想当中，每位同学都应该有至少一位好朋友，能够顺利地完成活动。但是，事实证明，做任何事情都不能想当然。

教师主动交友，拉近师生心距。和谐的师生关系，学生和老师之间的关系可以不仅仅是维持在平淡的师生关系中，更可以是作为一种朋友的关系。在此事件中，如果教师能够主动提出愿意作为该学生的朋友，带学生回"家"，一方面可以缓解课堂当中的尴尬气氛，让课堂能够顺利地进行下去；另一方面，让学生感受到可能没有一个很好的朋友，但是他还有老师这样一个他从来没有发现过的朋友，身体力行，用心交流，加强了师生关系的融洽。

学生自创咒语，真诚感动他人。由于游戏的咒语是教师事先设定的，简单的咒语可能对其他同学来说很有意义，能够顺利地进行活动，但对情况特殊的学生来说显然不是十分受用。在课堂当中，可以让该学生自己创设咒语，想一些比较能够打动其他同学内心的话语，能够让其他同学自愿上台来帮助他。这样做的益处在于一方面可以加强学生与学生之间的交流，学会使用正确的沟通方式，或许在该学生的真情流露下同学们会发现他与众不同的一面，从而愿意尝试着成为他的朋友；另一方面，也激发了学生的创造性思维。教师设定的咒语是死的，只是一个活动开始的开关，但是学生是活的，同样，课堂也是活的，学生创造性的行为是教师在课堂中可以收获到的一笔宝贵的财富。

小组紧密联结，团队互帮互助。每位同学在班级中都有自己所属的小组，在课堂当中，所有的同学都一起活动，一起思考，一起完成老师布置的各种任务。可以说，相对其他小组的成员，每位同学肯定对自己本小组的成员更加熟悉。在这样的情况下，发动小组团队的力量，一方面可以让该同学感受到小组成员之间的紧密联系，他是属于小组这一团队的一员；另一方面也是培养学生的团队精神，不论在学习还是日常生活中，团队的力量都是不可忽视的。班级中的每一个学生都是这个班级的一员，是组成班集体不可或缺的一部分，在班级这个群体中，不仅仅包含着师生之间的关系，生生之间的关系可能在一定程度上影响更大。

附件3

社区资源在校本德育活动中的运用

学校积极利用校外教育资源，开发数十个德育实践基地，并依托这些乡土资源，架构分年级社会实践活动序列。每个年级每学期开展一次社会实践活动，通过实地考察、仪式教育、小探究、远足、采风活动等多元的形式，开展了丰富多彩的民族文化、低碳环保、理想信念等教育。

一、系列活动

（一）了解昨天——传承家乡历史文化

家乡有着丰富的乡土历史文化教育资源，学校在考察、踩点之后，选择了家乡古镇、博物馆、烈士陵园等作为项目活动中第一个板块"了解昨天——传承家乡历史文化"的教育实践基地，分别采用了寻访体验、小探究、小考察、仪式教育等不同的活动形式开展教育。

1. 寻访体验。一年级学生跟爸爸妈妈一起，通过采访爷爷奶奶、上网查访等多种形式了解指定场馆的有关资料。然后在老师的组织下，来到了实地参观。园内特邀的三位引导员热情详细的解说，让孩子们了解了家乡古园林的大致情况，认识了各种各样的花卉植物，一边感受春天古典园林的美，一边按图索骥，完成简单的学习单。

2. 古镇探究。五年级的学生活动前通过上网了解和访问家长，了解家乡古镇的人文景观和民风民俗。随后在学校的组织下，按班级重新优化组合，组建探究小组。以小组为单位，开展有主题的古镇文化小探究。学生通过实地考察文化资源（文化之宝）——古街、古弄堂、古桥、古园等，用文字、照片等形式记录古文化的印记，体验中华民族文化。在感受古镇文化遗产的过程中，深刻感受中国古代劳动人民的勤劳与智慧，体会保护和传承民族传统文化的重要性。

3. 参观考察。三年级的学生在活动前，通过上网了解和访问调查等方法了解博物馆的资料信息，并寻找自己感兴趣的参观考察主题，然后在学校的组织下参观考察博物馆。在工作人员的带领下，分别参观了博物馆的东、南两翼陈列专区之后，以小队为单位进行分散的考察。每个学生带好自己的笔记本，认真记录自己的所见所闻，以及参观考察过程中产生的问题。回到学校后，在老师和班队干部的组织下，开展形式丰富的后期活动。通过后续的活动来增进学生的体验和感受，增进学生对家乡灿烂文化的热爱和自豪感。

4. 仪式教育。四年级第二学期到烈士陵园进行仪式教育。在准备课上，学生交流自己收集的家乡革命历史的资料信息，交换自己的感受体验，老师帮助学生一起讨论设计祭扫仪式，保证了活动的落实。在祭奠仪式之后，孩子们绕着烈士陵园静静瞻仰烈士们的墓地，献上自己动手制作的纸花。随后，还参观了陵园内的革命烈士纪念陈列馆。活动后，学生在老师的指导下还完成了学习任务单。

（二）参与今天——建设家乡绿色家园

学校周边有很多企业、场所都是开展各类环保、防火自护等教育的丰富资源，如水厂、污水厂、消防支队、青少年实践中心等。这些场所的主题实践教育活动，我们纳入了"参与今天——建设家乡绿色家园"板块。

1. 课内外结合的探究活动。四年级的孩子在去水厂、污水厂参加社会实践活动之前，都上了一节主题为"地球的水资源"的拓展课。通过课上的教育，孩子们了解了地球淡水资源的珍贵，懂得了必须保护和节约淡水资源。在此基础上，通过网上冲浪、实地参观、完成学习单、共绘宣传画等一系列活动提高孩子们的节水、护水意识。两家工厂工作人员精心的准备、有条不紊的讲解、有秩序的参观，让孩子们不仅知道了不经过处理的污水有多大的危害，更了解了原来污水要经过很多道工序才能回到河流的怀抱。

2. 军校联手的演练活动。三年级的学生来到消防支队，参加三个活动项目：参观消防设施、参观内务、观看业务表演。孩子们分班级进行分类活动，然后进行循环交换，最终完成三个项目的活动。在好奇地参观了消防设施、欣赏了消防队员干净整洁的内务之后，孩子们兴趣最高的就是能亲身参与的业务表演。在消防员进行了精彩的爬楼、灭火等高难度技术表演之后，三年级的学生就跟消防员叔叔一起进行组合比赛，穿消防服比赛。

3. 校内外结合的体验活动。区青少年实践中心是区域内的优质实践活动教育资源。我们结合毕业班的实践活动，利用青少年实践中心的资源设计开发了丰富的体验活动，包括疏散灭火演习、地震知识馆参观、技能一课自理一餐等活动深受全体毕业班师生的喜爱。青少年实践中心为学校的毕业班实践活动配备了优秀的教师全程参与活动的指导，在指导老师的指导下，孩子们了解地震和防火的知识、培养自护的能力、学习生活和艺术的技能，综合能力得到了不同程度的提高。

（三）畅想明天——描绘家乡未来愿景

1. 小眼睛看家乡。我们低年级段的孩子以班级为单位，参观指定场所。通过拍照留念、指认植物、一句话说体会等形式走遍了相关场所。在图书馆中，通过工作人员的介绍，孩子们还了解了借阅图书的手续，亲身体验了如何借阅图书，如何保持图书馆安静有序的秩序。活动后，在中队展板上的"小眼睛看家乡照片展""我新认识的植物""我一句话活动感受"进行展示。

2. 小脑袋绘蓝图。区规划馆是学生了解家乡未来规划的好地方。在网上了解家乡未来规划的基础上，孩子们在老师的带领下，通过巨型规划模型了解未来规划，通过声、光、电等高科技展示手段模拟未来发展蓝图。

二、活动成效

学生体验到了家乡的古韵，近距离地接触和了解了家乡的灿烂文化，感受了家乡园林的古典美、文物的历史价值、古镇的民俗文化，懂得了家乡的昨天是历史的积淀，是文化的积淀。

（一）增强了环保意识

通过对水厂、污水厂的探究活动及开展的相关节水护水活动，学生懂得了许多环保知识，并掌握了一些生活中常用的节水方法，护水的意识也得到了提高。在消防中队和青少年实践中心的演练、实地参观考察，结合活动之后的各类活动，让学生不仅掌握了基本的自护知识，更学会了、训练了许多逃生的技能。

（二）建立了建设信念

通过三个板块的活动，学生对家乡的美好昨天、今天和明天有了很大程度上的认识，产生了自豪感，也懂得了家乡的发展与我的发展是紧密相关的。有学生在体验文章中写道:"我要好好学习,将来一定要把家乡建设成上海大都市的一颗明珠。"

（三）提升了综合素养

社会实践活动,把孩子们从课堂上带到了社会大课堂中,从校内走向了校外,孩子们边动手边思考,在实践体验过程中细心观察、认真思考,他们主动与人交往,探索创新,因此,综合素养有了不同程度的提高。

三、分析反思

（一）架构分年级社会实践活动序列

学校梳理了分年级的社会实践活动内容序列,每个学期一个子项目,内容涉及家乡的古文化、现代社区和城区生活人文文化、未来规划等,内容涉及面广、量大。小学五年,有选择地把区域内的20个社会实践基地活动通过精心的组织安排一一落实到位。但因为面广量大,活动的设计必须操作性强、时间紧凑,这样前期的准备工作,如踩点、方案设计、学习单设计等需要更充分的准备,同时在外出活动的过程中,人员配备、时间落实都牵制了学校大量的时间和精力。

（二）整合资源,发挥教育最大效应

整个项目活动,场所从学校到实践基地,人员从学校老师到企业工作人员、校外辅导员、家长志愿者等,无不体现了整合的理念。人、场所、器具、环境、活动过程都是教育的资源,在整个"我看家乡变化多"项目活动中,发挥了巨大的教育效应。但企业工作人员的教育素养、教师的专业素养这两方面无法达到很好的互补。这就难免出现工作人员讲解、管理不能很好适应儿童的需求,而教师又缺乏专业的知识、技能来应对社会实践活动。

（三）拓展途径,保证教育的质效

正是这些拓展活动的设计和开展,保证了整个系列项目活动的质效。在后期的活动中,学生的体验感受得到进一步促进,能力得到进一步提高,情感也得到进一步升华。德育的评价本身就是难点,社会实践活动需要外出,涉及各类人员,如何客观公正地评价学生的活动过程、活动品质、参与积极性等这些都是问题;此外,还存在着评价人员不确定、评价过程难以达到科学性,可操作性不强,评价结果难以与学生学业有机联系等难点。

整合劳动教育资源开展主题式劳动教育的实践研究

随着《义务教育劳动课程标准（2022年版）》的颁布实施，劳动教育得到了前所未有的重视，学校劳动教育正在轰轰烈烈地开展，形成了很多新思路、新经验、新成果。对中小学而言，如何系统、科学、高效地实施劳动教育？本文基于一所九年一贯制学校劳动教育实践，以主题式劳动教育作为突破口，整合与利用各类劳动教育资源，通过跨学科知识运用、跨年级分层推进和跨领域协同探究等方式，形成了课题化实践、项目化实践和活动化实践等主题式劳动教育实践成果，以期为同类型学校劳动教育的实施提供可以借鉴的经验。

（一）当前中小学劳动教育面临的问题——基于对现状调查的分析

研究始于问题，问题基于调查，没有调查就没有发言权，没有对现状的调查很难准确地找到研究的问题域。鉴于此，笔者所在研究团队围绕中小学劳动教育的实施现状，在区域层面进行了问卷调查和访谈。问卷调查的对象为F区27所中小学，其中，小学18所、中学5所、九年一贯制学校4所，这些不同性质的中小学作为调查样本，具有一定的代表性和典型性。本研究共发放问卷1 520份，回收问卷1 506份，有效问卷1 502份，回收率为99.1%，有效率为

99.7%，符合问卷调查要求。

1. 教育者对劳动教育价值的认识存在偏差

对劳动教育价值的认识是决定劳动教育实践取向的重要因素。我们通过"你认为劳动教育有什么作用""学校开展劳动教育是形式吗"等问题进行调查。通过调查发现，部分教师对劳动教育的认识还比较粗浅，没有认识到劳动教育作为"五育"之一的重要地位，没有认识到劳动教育的目的是培育学生的劳动素养，而非简单的技能习得，更没有认识到劳动教育具有综合育人价值。

2. 学校劳动教育课程资源相对缺乏

《义务教育劳动课程标准（2022年版）》将劳动课程内容分为十大任务群，每一个任务群都可以形成若干劳动项目，其中，劳动项目作为劳动课程的基本单元，需要相应的劳动教育资源作为支撑，这些资源既包括物化的生产要素资源，又包括环境、文化等非生产要素资源。然而在调查中我们发现，部分学校把劳动课视为综合实践活动课程；相当部分学校的劳动课程师资以兼职为主；很多学校的劳动项目设计的科学性、适切性有待商榷。从劳动课程的内涵建设来看，很多学校的劳动课程没有进行序列化或主题化设计。

3. 学校劳动教育实施形式较为单一

作为"五育"之一的劳动教育，其实施途径应该非常丰富，从理论上讲，劳动教育实施可以分为直接的劳动教学和间接的劳动教育。但除了劳动课程之外，学科教学、校园文化、班团队活动、校外劳动实践、家庭劳动教育等都是实施劳动教育的重要途径，且不可或缺。通过调查发现，学校在实施劳动教育过程中，大多依托劳动课程，很多学生对劳动教育的认识也停留在劳动课程的层面，忽视了劳动教育实施路径的丰富性和多样性，这也就限制了学校劳动教育的有效实施。

通过调查分析，笔者认为，学校在实施劳动教育过程中，还存在认知偏差和实践性不足的问题。在认识上，把劳动教育与综合实践活动等同起来，把劳动与学习对立起来，把劳动教育作为一种具有娱乐性质的活动，甚至有一部分调查对象把劳动视为一种惩罚手段，等等。这些认识上的偏差或者误区会对学校劳动教育的有效实施产生消极影响。在实践中，对劳动课程不重视，劳动资源相对不足；劳动教育实施的方式主要依托劳动课程，忽视了在学科教学中渗透劳动教育；对于学校劳动文化的营造，没有与学校文化建设融为一体；等等。特别是没有对劳动教育实施进行系统设计，缺乏有意义的主题，未能有效整合和利用劳动教育资源；劳动教育实施缺乏贯通性设计和衔接性考量，分学段、分年级劳动课程的设计和对应资源的整合还不够科学。基于此，笔者尝试根据中小学不同学段不同年级学生的特点，以一所九年一贯制学校为例，开展主题式劳动教育实践探索，以期在一定程度上解决调查研究中发现的问题。

（二）主题式劳动教育的内涵阐释——基于培养劳动素养的要求

笔者认为，主题式劳动教育以培养学生的劳动素养为目标，以促进劳动教育的内涵发展为重点，以劳动教育的主题设计为基本思路，以劳动教育资源的整合与应用为依托，以校家社协同共育为保障，促进学校劳动教育高质量发展。为此，我们确立了主题式劳动教育的总体框架（见下图）。

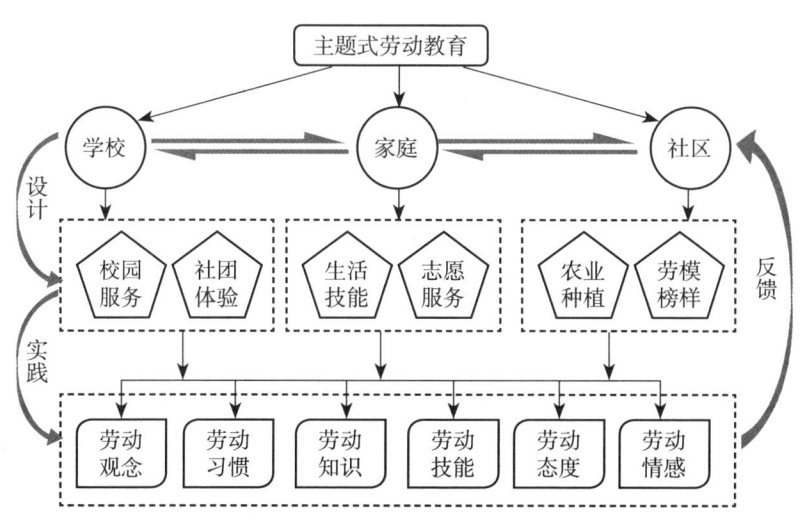

主题式劳动教育的总体框架

笔者认为，主题式劳动教育特别强调劳动教育的实践性，注重通过丰富的劳动实践培育学生的劳动素养；主题式劳动教育强调校家社协同共育，以家庭教育为基础，以学校教育为主导，以社会教育为支撑，共同凸显劳动教育实施的主题，共同促进学生劳动素养的养成。

（三）主题式劳动教育的实施策略——基于校本实践的探索

基于主题式劳动教育的总体框架和对劳动教育资源的分类，笔者提出了主题式劳动教育的实施策略。

1. 课题化实践——跨学科运用知识

我们借助一个具有挑战性的真实问题，通过课题化劳动实践活动，引导学生运用规范的科学研究方法进行探究，引导学生自觉地把各学科知识运用到劳动实践主题活动中，解决确定的问题（课题化实践主要适合小学高阶段和初中阶段学生）。课题设计是主题式劳动实践活动的核心，一是创设情境——课题化劳动实践活动所创设的情境一定是真实的，或来源于学生实际生活，或发生于校园，或是在家庭中进行，或是在社区中实践，这有助于知识的综合运用、内容的合理安排、成果的预期形成；二是设计问题——问题的实质其实是主题式劳动实践活动基于真实生活情境而设计的任务，为达成既定目标，需要学生在劳动中运用各种方法对更深层次的问题进行探究；三是选择方法——选择合适的方法开展主题式劳动教育实践活动，既有像科学家一样的实验探究，又有像数学家一样的调查分析，更有像劳动者一样的埋头实干。比如我们以"点赞最美劳动者·职业是否有贵贱之分"为劳动实践课题，以小组为单位进行个性化选择，引导学生基于问题进行设计，并达成通过自主探究与体验后获得可分享成果的目标，在"和劳模分享职业故事""利用碎片时间寻找环卫体验岗位""'我是小掌柜'半日跟岗体验""寻找父母行业中的领军人物"等环节中经历"确定课题—小组分工—调查分析—研究策略—劳动实践—成果分享"等步骤，引导学生在问题探究中理解劳动关系、劳动工具、劳动产品和劳动精神的真实内涵。

2. 项目化实践——跨年级分层推进

我们尝试把劳动内容整合成项目，引导学生在真实的情境中发现问题，并以驱动性问题为劳动项目的内容，以团队的智慧确立劳动的目标、以团队的力量分解劳动的任务、以团队的眼光探索劳动的新知。一是设计"真事情"——学生用所学的学科知识，解决生活问题，用生活经验巩固学科知识，涉及点心师、设计师、作曲家、修理工、程序员等多种职业；二是界定"真问题"——项目化劳动实践活动中的问题是学生为高质量完成任务所必须探究的核心问题。为何界定问题？界定什么问题？怎么界定问题？通过界定问题，使劳动项目的作品符合学科知识的要求、学生成长的需求、劳动教育的目标；三是创作"真作品"——以体现劳动的真实性、成果的真实性、参与的真实性。比如学校构建开放多元的项目化劳动实践活动，有低年级的"豆宝宝"、中高年级的"蚕宝宝"、初中年级的"水宝宝"。从项目的选择到内容的设计，以及项目成果的提炼、拓展、迁移，全过程贯穿项目研究与实践。在"青青麦苗金穗穗"劳动实践项目中，学生跟着节气种植、探究、实践、记录，每个环节都体现了真实性。

3. 活动化实践——跨领域协同探究

劳动实践活动是一种操作性的学习与实践，符合学生的年龄特点和兴趣爱好，活动化实践包括交往活动、集体活动、文艺活动等。活动可以有机融合生活的各个领域和交往的各类群体。我们设计了劳动实践活动清单，让劳动教育的目标、内容、理念充分体现适切性。比如学校依据主题式劳动教育的整体设计，策划开展融劳动教育与特色活动于一体的实践活动。在以"希望种子我来播"为主题的系列劳动实践活动中，低年级开展班级花箱种植；中高年级开展桑树修枝活动，为养蚕做好准备（观察蚕的生长过程，感知生命的力量）；初中学生在认领的菜地育种、种植，撰写自然笔记，记录蔬菜生长的过程，分享劳动收获，尤其是在丰收节活动中，学生挖红薯、摘橘子、晒柿子，现场售卖与云端义卖相结合，在"盟友厨房"中，制作红薯派、橘子汁，展示自己的作品，比拼厨艺。在"共阅读·知劳动"主题劳动实践中，我们协同家庭力量，通过共读劳动名言、共诵劳动童谣、共识劳动名人等系列主题实践，帮助学生了解劳动内涵、确立劳动观念、珍惜劳动成果。

（四）主题式劳动教育的成效概览——基于劳动实践的反思

通过主题式劳动教育实践，让每一名学生的劳动身影都被看见、被认同、被鼓励，学生也因此获得更加深刻的劳动体验，丰富了劳动知识，逐渐形成劳动意识和良好的劳动习惯，树立正确的劳动价值观，劳动教育取得了良好的效果。

1.劳动教育内容：由零散到系统

在某所九年一贯制学校中，我们构建与完善以培养学生劳动素养为核心的主题式劳动教育实施框架，通过课题化、项目化、活动化等实践路径，探索如何把劳动教育与学科教学、家庭生活、社区服务等融合起来，在"小行动"中呈现"大收获"。通过学校、家庭、社会三方联动，设计"劳动日—劳动周—劳动月"点线面融通的主题式劳动实践活动，形成"项目—课题—活动"分层推进的系列主题，使劳动实践活动有思想、有汗水、有快乐、有成长、有智慧。通过实践，我们形成了学校主题式劳动实践的主题与内容框架（见下表）。

各年级劳动主题与实践内容框架

序号	学习对象	劳动主题	实 践 内 容	
1	一年级	美好生活靠劳动	劳动工具交朋友	欢乐蔬菜总动员
2	二年级	我的空间我做主	家乡美食知多少	节气知识真不少
3	三年级	我的岗位我履职	寻找劳动小岗位	我是包装小达人
4	四年级	我的榜样我学习	岗位技能秀一秀	家务劳动我在行
5	五年级	我的未来我预见	劳动技能大比拼	跟着爸妈去上班
6	六年级	我的空间我做主	学会收纳与整理	希望种子我来播
7	七年级	我的岗位我履职	我是图书管理员	校园服务我尽职
8	八年级	我的榜样我学习	点赞最美劳动者	家园技能我能行
9	九年级	我的未来我预见	勤俭节约我最美	生涯体验来尝试

2.劳动教育形式：由单一到融合

通过主题式劳动实践活动，我们帮助学生在关注作物生长的过程中体验观察、记录、分析的乐趣，帮助学生准确了解劳动工具、劳动技术、劳动形态的新变化，综合运用自然科学知识，积累科学探究经验。劳动教育不再是零散的体验，而是跨越区域、跨越学科、跨越学段，实现全方位、多领域、众要素之间的适度融合。在主题式劳动实践中，既有劳动价值、劳动态度、劳动意识的确立与提升，也有劳动技能、劳动思维、劳动创造力的锻炼与培养。

3.劳动教育主体：由学校单一主体到多主体联合

通过主题式劳动实践活动的开展，学生的劳动不再是"学校布置什么就干什么""家长要求什么就做什么"，而成为可视、可控、可评的劳动教育实践活动。主题式劳动实践活动为家长提供教育载体，同时打造了一支有爱心、懂劳动、会指导的家庭导师队伍。劳模工作室、家长工作点等社会团体资源的综合利用，锻造了一支助推劳动教育向纵深发展的育人队伍。通过洗晒、烹饪、整理等家务劳动，提升学生生活自理能力，树立了崇尚勤劳节俭的家风。学生在小考察、小课题、小项目等劳动实践活动中，充分感受家乡风貌、了解社区特点、提高劳动能力。

当然，在主题式劳动教育实践过程中，我们也认识到，劳动教育的本质是一项教育活动，需要综合考虑劳动教育的根本目标。通过深化家庭、学校和社区的劳动实践合作力度，使主题式劳动实践活动在时间、空间上得到延伸与拓展，只有这样，主题式劳动教育才能更加科学、高效地实施，才能有效促进学生劳动素养的培育。

附件1

我是包装小达人
——主题式劳动教育实践活动"我的岗位我履职"项目化实践案例

通过调查我们发现，学生对商品的包装并不陌生，他们具备相关的生活经验。但是面对平时生活中随处可见的包装，他们是否对怎样包装进行过思考？对如何设计可以节约包装材料进行过研究与实践？答案是否定的。于是，结合主题式劳动教育的总体要求，我们开展项目化劳动实践活动。

一、项目问题

1. 现在网购是一种流行便捷的购物方式，如果你是快递员，当你要包装多个物品时，怎么做才能节约包装纸的材料？

2. 你知道生活中包装存在哪些不合理的现象吗？你能结合包装中的学问做一次汇报，倡导环保节约意识吗？

二、项目实践

（一）查阅资料，提出疑问

为了达到更好的项目化学习效果，同学们在明确项目化劳动实践活动的目标后，组建合作小组、推选组长、明确分工。接着，通过上网搜索或是询问身边人，了解多个物件不同的摆放方式对材料的需求状况。

（二）动手实践，得出结论

通过动手实践，发现给两个完全相同的长方体包装共有三种方式，上下重叠、前后重叠、左右重叠。探求不同的摆放方式对包装纸用量有怎样的需求，进而解决问题。同学们还分别计算出每种包装方式的用纸量，从中选出了最优方案。当重叠的面越大，所需的包装纸就越省。

（三）设计包装，提升审美

在确定最节约的用纸方式后，同学们亲自动手参与包装过程，不仅能加深对最优包装方案的印象，还能在挑选精美包装纸的过程中，提升审美能力。

（四）交流成果，项目展示

同学们在本次项目化劳动实践过程中，除形成了最优化思想外，还通过交流与分享提升自己的逻辑思维和口语表达，更加深刻地体会到劳动创造与生活的紧密联系，同时把数学的相关知识应用到项目化实践中。

三、项目思考

（一）以劳增智，促进学生求真

在项目化劳动实践中，考量同学们是否能运用多门学科的知识去解决面临的问题，在达成目标的同时，小组合作能力、综合运用能力、交往沟通能力都得到了不同程度的锻炼和提升。智育侧重促进学生"真"的发展，也就是培养学生科学的劳动观念，善于发现问题，运用知识解决问题和创造性的能力。劳动具有很强的实践性，参与劳动的学生对劳动能够有直接的感官体验，可获得较多的直接经验，而在劳动过程中需要孩子开动脑筋，调动已学知识进行运用。这一过程不仅能学以致用，还能进一步构建学生的知识体系，开发学生智力。学生掌握了诸如包装这样的技能，说明他能集中注意力去分析问题寻找规律。此外，人的创造性的发挥便是来源于劳动和实践，比如从古代龟甲刻字到活字印刷术的发明，再到现代社会便捷的打印机，这就是劳动人民智慧的成果、创新的结晶。

（二）以劳育德，促进学生求善

项目化劳动实践活动给了学生较大的创作空间，同时对学生的自我管理能力提出了较高的要求，引导学生从节约的角度去探究包装的学问，在掌握包装技能与方法的同时，增强节约与环保的意识。在主题式劳动实践中，需要学生身体力行，学会用身体、情感、行为感知道德，将正确的德行内化于心、外化于行，强化德育效果。除此之外，学生在项目化劳动实践中锻炼合作沟通能力，增强团队意识，学会关心社会、关心集体、关爱他人，体会劳动给他人带来快乐的积极情绪体验，为孩子成长之路埋下一颗"善的种子"。在劳动形式多元化的时代,更需要从小培养学生良好的劳动态度和独立生活的能力,为其将来立足社会、促进社会发展打下良好基础。

（三）以劳育美,促进学生求美

在项目化劳动实践中,学生以自己的双手与智慧,设计包装出精美的物件,培养学生如何用美的眼睛去发现世界的美,改造世界。就劳动过程的体验来看,在包装达人的劳动实践中,对"劳动创造"的精神进行了熏陶。其实,劳动教育过程中的各个环节都渗透着美育。最后,对劳动成果的使用和欣赏,也体现了劳动创造美的特点。可见,我们的劳动不仅是对劳动对象美的塑造,也是对美的劳动者的塑造。因为项目化劳动实践活动与学生生活密切联系,以此增强学生的学习兴趣与热情。项目化劳动实践活动的目标不仅基于学情,还考虑学生的基础知识、基本技能,更关注培养什么样的核心素养与关键能力。

附件2

网络消费来实践

——主题式劳动教育实践活动"生涯体验来尝试"课题化实践案例

一、课题内容

（一）本质问题

在日常的网络购物中，我们应该如何做到诚信交易，以达到交易公平的目的？

（二）驱动性问题

你们将如何展现你们对网络金融诚信的理解，如何设计一个让更多人了解金融诚信的展览？

二、参与对象

初中学生。

三、活动背景

"双11"是中国阿里巴巴公司2010年开始举办的购物狂欢节。"双11"逐渐成为中国电商最大的购物狂欢节，吸引了全球消费者的关注。通过班级调查发现，大部分学生有过网购经历，但不清楚如果买到不称心或质量有问题的物品，他们可以怎么做。本次劳动实践活动从"'双11'退货"问题引入，引导学生从消费者及销售方不同的角度了解退货机制，了解生活中的真实案例，了解诚信交易的重要性，培养良好的金融观与财商观。

四、活动目标

（一）德行素养

在合作交流与实践活动的过程中，认识到交易公平的重要性，形成良好的财富观。

（二）知识能力

通过合作探究、现场探究、自主设计等活动，了解网络购物的一般退货流程。运用查资料、调查等方法进行探究，提高收集、整理和归纳资料的能力，初步体验设计的乐趣。

（三）实践素养

调查网购退货意向，分析原因，得出结论，培养诚信购物、诚信经商的意识。树立良好的合作意识，虚心接受合作伙伴提出的意见和建议。

五、活动安排

（一）第一阶段：准备活动

"双11"购物狂欢节背后，退货潮成为一大难题。教师引入驱动性问题，如"作为网购小买家，如何处理退货问题？"引导学生进行头脑风暴，运用KWL表梳理学生已有经验和学习倾向。通过师生交流，明确学习目标和意义，设定干预措施。学生自主选择子任务，组建学习小组，明确分工和任务流程，共同制定学习评价标准，以此提高学生对网购退货问题的认识和处理能力。

（二）第二阶段：实践过程

1. 子问题A：设计调查——你曾经在网购中退过货吗？

在调查实践的过程中，学生发挥创造力，自主设计了不同的问卷调查。通过调查身边的朋友、同学、老师和亲人，了解各类人群在网购退货方面的情况。这一过程不仅帮助学生深入了解网购特点和退货流程，还培养了他们的实践能力和创造能力，为解决网购退货问题奠定了基础。

2. 子问题B：画画写写——你了解的网购退货的流程是怎样的？

学生利用身边的各种渠道了解一般网购的退货流程的方法与形式，并借鉴思维导图模型，发挥创造力，自行设计出退货流程的思维导图。在教师引导下，学生分析、处理信息，共同总结经验。这一过程不仅提高了学生的分析、整合能力，还培养了他们的创造力和思维导图应用技巧。

3. 子问题C：想想问问——"双11"退货难不难？如果有难处，难点在哪里？

学生学习采访技巧，挖掘真实问题，并在教师指导下进行多角度思考与数据分析，通过深度采访探讨"双11"退货难的问题。通过撰写采访稿，学生锻炼了写作能力，学会将口语化表达转化为书面形式。这一过程不仅加深了学生对退货难点的理解，也培养了他们的沟通、思考和写作技巧，为后续项目化学习提供了丰富的素材。

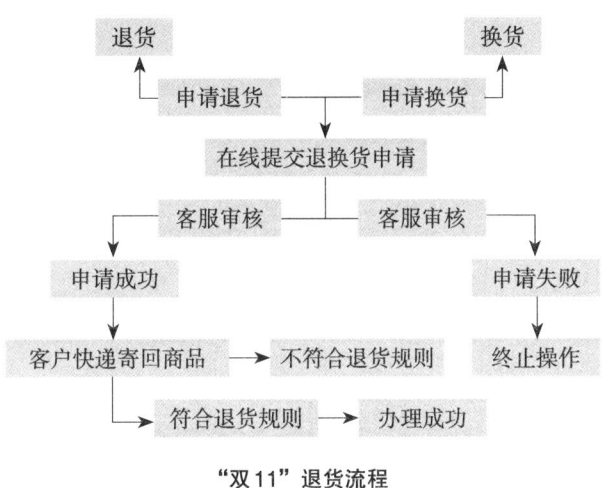

"双11"退货流程

4. 子问题D：交流思考——如何打造一个和谐良好的网络购物环境？

学生通过小组成果展示与交流，分享不同任务小组的经验和成果。在教师引导下，学生从多个角度探讨如何改善网络购物环境，提出针对消费者和销售方的建议。此过程不仅加深了学生对网络购物环境的认识，还提高了他们的思维能力、分析能力和金融素养，为创造一个更优质的网络购物生态做出贡献。

六、活动成果

（一）诚信为本，共创未来——金融诚信主题小报展览活动

学生制作金融诚信主题小报，在学校内举办了一次小报展览，邀请了金融PBL社团的成员作为评委，对这些作品进行评选。

（二）我倡议、齐践行——金融诚信倡议书

学生们结合自身的经验和已学知识，制作有关金融诚信方面的倡议书，在校内公开展出。在此基础上，他们还开展了一系列关于金融诚信方面的宣传活动，让更多的人了解金融诚信的重要性。

> **课题化实践记录**
> "双11"退货难，难在哪里？
> （1）因为物品的价格过低，出现运费大于物品原价的情况。
> （2）店家只因为物品质量的原因退货或换货。
> 小组通过劳动实践得出建议：
> （1）运费应该小于物品原价。
> （2）店家不应该只因为物品质量的原因而退货或换货。
> 　　　　　　　小组实践人员：AAA、BBB、CCC

（三）诚信为本，金彩与共——金融诚信主题展

学生们在探究具有良好信用的公司背后的诚信故事时，发挥创造力，设计出独特的海报来展示他们的研究成果，邀请全校师生及金融PBL评委观展并评选优秀作品。在评价过程中，根据不同对象，设计一系列自评、互评和观后评价表格。这一活动提高了学生对诚信意识的认识，并展现了他们的创意与合作精神。

七、活动反思

开展课题化劳动实践活动，鼓励学生发挥创造力，通过自主设计调查问卷、制作思维导图等活动，得以实践自己的想法。教师推动跨学科交流，拓宽视野，培养综合素质。在这个过程中，学生们不仅学会了如何解决实际问题，还锻炼了独立思考、沟通协作和创新能力，为适应未来的学习和生活做准备。

（一）培育科学劳动价值观

正确的劳动价值观对劳动教育的落实具有基础性作用，培育科学的劳动价值观是指培育学校教师、家长和孩子正确的价值观，甚至是在整个社会弘扬劳动教育的价值与意义，形成一个价值导向来促进人们对劳动教育的深入认识。通过培育教师正确的劳动价值观，然后通过各个班级的班主任进一步来引导家长和学生的劳动价值观；家长劳动价值观的改善又能进一步促进强化学生劳动价值观念的形成，以这样层层递进的形式开展。当然，很多人的思想观念已经固化，想要改变确实很难，这需要循序渐进逐步来进行。培育科学价值观的另一个重要原因，是当前人们的生活水平已经得到较大改善，对精神世界的建

设需求越来越高，这需要人们建设更加丰富的精神世界来充实生活，劳动便是最佳途径。

（二）形成正确的劳动态度

正确的劳动态度不仅仅是指学生对待劳动时能够勤奋、踏实、诚实，还指学生对待劳动人民有真诚的情感，不鄙视、不忽视一些从事重活、累活、脏活的体力劳动者。从小培养学生正确的劳动态度不仅是他们参与劳动的心理基础，也影响着学生对未来职业的认识和选择。目前我们的社会正处于高质量发展的转型时期，社会需要全面发展的人才，有健全人格和美好品质的劳动者，正确的劳动态度影响着人才培养的品质。因此，学校、家庭在开展劳动教育的过程中，不仅仅是要教会孩子掌握一定的劳动技能，还要培养孩子对待劳动的正确态度。

（三）培养优良的劳动品质

学生的可塑性强，周围环境对他们劳动习惯的培养具有较大影响，"十年磨一剑"，孩子劳动习惯的养成也需要长久的坚持，教师和家长可以相互配合，共同为孩子打造一个热爱劳动的环境，孩子在耳濡目染下也容易坚持下去。良好的劳动习惯和劳动品质便是能长久坚持劳动、热爱劳动，在劳动中磨炼自己的心性。良好的劳动习惯背后包含着意志力、耐心、责任心和坚持不懈的优良品质，而不是"三天打鱼，两天晒网"，任其惰性蔓延。诚实劳动就是踏踏实实做事，不虚假欺诈，劳动教育要引导学生用自己的诚实劳动来换取价值，懂得弄虚作假终会害人害己的道理。

附件3

我的未来我预见

——主题式劳动教育实践活动"劳动技能大比拼"活动化实践案例

通过开展各类形式多样的活动,把劳动教育的内容寓于娱乐之中,在劳动中快乐创造,在创造中自主发现,在发现中提升体验。

一、活动主题

我是劳动小能手。

二、活动目标

通过开展主题式劳动教育实践活动,提升学生思考和探索空间,掌握基本劳动知识,学习简单劳动技能,体验劳动创造财富,感知劳动者的辛苦,懂得热爱劳动并珍惜劳动成果,享受收获的喜悦。

三、活动系列

活动主题	类 别	活 动 内 容	达 成 目 标
种植的秘密	知识类	橘树的农耕发展史	种植的农耕发展
	知识类	橘树的种植物候知识	物候规律助农事
	知识类	橘树生长奥秘	橘树生长有奥秘
	技能类	橘树的培育种植	我是种植小能手
丰富的种类	知识类	橘树的种类发展史	橘树的种类发展
	知识类	橘树的种类知识	橘树种类知多少
	体验类	橘树卡通画	橘树卡通富表情
	体验类	橘树的名言、诗歌	品橘树名言诗歌

续表

活动主题	类　别	活动内容	达成目标
神奇的生长	知识类	益害（虫、鸟、兽的益害）	常见生物话益害
	知识类	入侵生物的危害	入侵生物危害大
	体验类	橘树观察记录	橘树的生长变化
	创作类	橘树彩绘	橘树彩绘显身手
可口的果实	知识类	橘子的营养与健康	各类橘子助健康
	体验类	走进金色的橘园	橘香满园留心间
	知识类	植物生长奥秘	植物生长有奥秘
	体验类	橘子拼盘的制作	拼盘创意惹人爱
橘皮的妙用	知识类	橘皮知识简介	橘皮价值多又多
	创作类	橘皮创意画	精巧创意生妙趣
	知识类	了解药食同源	药食同源治未病
	体验类	自制橘皮茶	养生茶饮有讲究
创作的空间	知识类	橘子食品知识	橘子食品知多少
	知识类	金橘果酱的制作方法	果酱奥秘知多少
	体验类	金橘果酱制作	我是制作小能手
	创作类	自制的金橘果酱	分享美味增情感
劳动的收获	综合类	撰写观察笔记	自然笔记呈真切
		撰写活动体会	活动感受助成长

四、活动收获

学生参与劳动实践，在观察、实验、动手操作中增长知识，锻炼学生的动手能力。

（一）自制馄饨味更美

来到基地，东方瓜果城的工作人员早已为学生准备好了包馄饨的材料，孩子们迫不及待地洗净小手，兴致勃勃地学着包馄饨。一开始，三角形的、散开的、露馅儿的……孩子们包出来的馄饨奇形怪状，免不了有点儿急躁起来："怎么包不起来呢？""我学不会呀！"……但是在老师的指导下、组员的互相帮助下，一个个馄饨终于成形了。吃着自己亲手包的馄饨，孩子们脸上洋溢着满满的笑容，那笑容是自豪、是满足、是对自己的肯定。

（二）种植过程我最行

经过工作人员的详细讲解，同学们很快就了解了如何使用种花的工具，以及种花的方法与技巧，并亲身进行了劳动体验。虽然同学们收获的劳动成果只是一盆不起眼的小花，但对他们来说是那么珍贵，那是他们第一次自己亲手栽种的小花。在种花的过程中，孩子们更体会到了劳动的辛苦："挖个坑都这么累啊！""奶奶天天种菜得多辛苦呀！""一桶水怎么这么沉哪！""我种的花到了春天就会开了！到时带到学校给你们看"……这一句句感言是同学们真实的心情写照。在种花的过程中，孩子们还学会了合作，挖坑的挖坑、培土的培土、浇水的浇水，他们融入了集体互帮互助的良好氛围之中，体会到只有集体的团结才能产生更大的力量！

（三）水果拼盘大比拼

生活中处处有创造，世界上所有美好的事物都是创造力的果实。劳动创造美好生活，劳动中萌发创造灵感，创造性劳动不仅能激发智慧、开发潜能、培养学生创新精神和合作精神，更能带给同学们无限的创造乐趣。本次活动的重头戏是制作水果拼盘。在探究活动的准备阶段，学生在课堂上了解了水果拼盘的作用、选材搭配、制作方法等，并进行了小组与组长的安排，由组长带领组员共同设计水果拼盘的造型、分配小组成员携带制作水果拼盘的材料与数量。制作水果拼盘活动开始了，组员们在组长的带领下，拿出早已准备好的水果，根据自己的创意认真专注地摆放起来，一盘盘精美的水果拼盘作品在孩子们的共同努力下完成了。看着自己亲手制作的水果拼盘，孩子们体会到了收获劳动果实的喜悦与快感！在几位组长评选出优秀作品后，同学们都舍不得品尝自己的作品。为了提高孩子们的积极性，评选并不局限于作品的创意与美观，还进行组员参与率的评价，进一步提升学生的参与意识与合作意识。

（四）看古学古制陶品

同学们进入展览厅进一步了解家乡文化，大家一边看一边记录下了自己的所见所闻。随后，大家来到了考古体验厅，找一找、拼一拼，在娱乐中学生对家乡文化有了进一步的了解。一番参观体验后，学生们饶有兴致地体验了一把软陶制作、饼干烘焙，大家的动手能力都很强，最后的成品也都得到了一致好评。在制作软陶和饼干烘焙的过程中，学生们表现出了积极的团队协作精神。

（五）钓虾画虾寻虾宝

同学们尽情参与虾乐园的劳动实践活动，与大自然中的水生动物——虾，进行一次亲密接触。在画虾、寻宝、钓虾的丰富活动中，同学们既增长了关于水生动物的知识，又锻炼了动手能力，在观察、实践、动手操作中萌发创造灵感、培养创新与合作精神，更激发了关注自然、保护环境的意识。沙地寻宝、沙虾制作、池塘垂钓等劳动实践活动，有创意、比耐心、收获多，不仅陶冶情操，更锻炼实践能力，使同学们对绿色与健康有了更深的认识。

五、活动反思

劳动不仅是一种技能，也是一种价值观念，更是一种生活态度。要注重让学生在学习和掌握基本劳动知识和技能的过程中，领悟劳动的意义价值。

（一）播种劳动希望

学校在小学低年级围绕劳动意识的启蒙，让学生学习日常生活自理，感知劳动乐趣。通过活动化的实践，让学生了解大农业并开阔眼界，学习一些基本的劳动技能，增强学生的责任感、使命感。学生参加农业劳动培养了艰苦奋斗、合作精神、团队意识、意志品质、生活自理、人际交往等各项综合能力。

（二）多维设计活动

我们围绕听、看、品、动、乐五大环节展开学生劳动体验实践活动。听：安排专人专题介绍现代农业、都市农业、上海农业在全国的地位；介绍无公害农业、绿色农业、有机农业的特点；介绍农产品的安全对人类健康的影响和作用；介绍瓜果城的概况等使学生对现代农业及相关技术有一定的了解，有的比较熟悉，能举一反三。看：一看展示厅、多媒体对瓜果的识别、品牌介绍；二看实物，进生产种植区，参观当季当令鲜食产品，观摩农业标准化生产的规模。品：在一定的场所安排学生进行对当令当季及非时令瓜果的品尝,让他们感受到特色农业的生命力。动：在农业技术专家带领下实施及操作过程,基地划出一块试验地,专供学生体验耕种劳作、团体竞技（认识农作物、蔬菜瓜果栽培、采摘蔬菜瓜果、除草与施肥、分拣与包装等）。乐：结合学生固有的童趣与喜好,为充分体现感官的即时效应,在基地内专辟龙虾垂钓区、当季蔬菜采摘区,散养鸡捕捉区等,以提高学生放飞心情的乐趣。

（三）凸显主题实践

通过主题化劳动实践活动,一是让学生真切了解农村、热爱农村、热爱科学；二是让学生走出校门,走进自然感悟社会与生活,扩大知识面,加深对现代、都市农业和生态经济及相关的绿色食品的了解认识；三是让学生通过动手,切身体验美好的生活来自勤劳与智慧,为培养社会主义事业接班人和建设者打好更扎实的基础。

附件4

欢乐蔬菜总动员
——主题式劳动教育实践活动"美好生活靠劳动"实施方案

一、背景分析

主题式劳动实践活动是综合实践活动实施的基本形式,是提升自主学习的意识和能力,增强学生的学习感情、学习能力和兴趣,重视活动内容与课题的有效结合。小学生对常见蔬菜的了解不多,大部分学生都会有一些不认识的蔬菜和叫不上名字的蔬菜等。通过主题式劳动实践活动,帮助学生在认识蔬菜的过程中,加强"光盘"意识,逐步培养其改掉挑食或者浪费蔬菜的坏习惯,鼓励同学们吸收多种蔬菜营养,养成健康成长与不浪费的好习惯。

二、学情分析

在主题式劳动实践活动中,各年级的教师都积极参与到整个实践活动过程中,分别将"五育"与活动结合,重点帮助学生学习劳动相关知识。同时,可邀请部分家长代表参与课堂教学,让家长走进校园、走进课堂,丰富学生们的学习内容与学习形式,践行在乐中学,在体验中学。

三、教学设计

(一)活动特点

在教学设计时,重视语、数、英、体、美等不同学科在主题式劳动实践中的特点,在学习与掌握知识的过程中鼓励学生表达、思考与实践,尊重学生个体发展的需要,尊重学生个性化的创造表现。老师与家长是活动的参与者,是学生的合作者,强调学生的主体地位,让学生走出理论学习,亲身参与、主动实践。

（二）活动内容

"我是蔬菜小行家"分为四个阶段，教学总课时为十六课时，分别是：

1. 第一阶段。通过教师引领，知道人体的营养所需，了解人体营养的由来，观察学校午餐的食材，确立活动主题围绕"蔬菜"进行。

2. 第二阶段。通过学习、观看、交流、配对、选择等课堂活动形式，中英结合，学习并了解不同的常见蔬菜，并在现实生活中，通过观察和调查的课后活动形式感知蔬菜的存在。

3. 第三阶段。通过观察、统计、绘画、触摸、模拟蔬菜店的场景等课堂活动形式，培养学生的综合核心素养。

4. 第四阶段。了解蔬菜所具备的营养价值与健康的烹饪方式，在课堂中，任课教师开展蔬菜认知小游戏等教学环节，家长课堂带领学生们动手自制蔬菜拼盘；在家中，通过让学生们试着洗一洗蔬菜，简单地搭配并烹饪各类蔬菜的活动形式，增强学生在实际生活中对蔬菜的了解与体验。

在四个阶段的活动中，进行不同维度的评价：教师评、学生评、家长评。涉及的评价方式有教师评价、学生评价、家长评价等形式。

四、活动方式

（一）教学方法

在"我是蔬菜小行家"活动课中，以学生为主体，以丰富多彩的活动来贯穿始终，让学生直接体验，如观察法、调查法、游戏法、动手制作法等。

（二）学习方法

在活动中，任课教师引导学生实现学习方式的多样化，认真指导学生开展自主性学习、探究性学习和合作性学习，引导他们在"观察中学"，在"实践中学"，通过校内与校外的各类活动，把所学的蔬菜知识结合不同学科知识运用到实际生活中。

五、活动目标

（一）知识与能力

通过主题式劳动实践活动主要认识以下蔬菜：西红柿、茄子、黄瓜、辣椒、萝卜、白菜、菠菜、土豆、洋葱、西蓝花、花菜、藕、芹菜、青菜等。在学习并有了亲身参与活动的体验以后，学生认识并了解不同的蔬菜，还能在生活中发现并描述不同蔬菜，知道不同蔬菜的不同营养价值。在活动的过程中，学生们学会比较、观察、调查、动手，同时培养学生们的语言表达能力、观察能力、思考能力、动手能力和组织能力等。

（二）过程与方法

学生通过观察、比较、计算得出结论，通过自行调查得出的结果，培养学生的观察能力与发现问题的能力、合作能力、总结能力；并通过游戏活动，使学生在游戏中学习，增强学生对学习的热情与兴趣。

（三）情感、态度、价值观

引导学生积极参与课堂活动、小组活动、亲子活动，认真完成课后小任务。加强生生交流、师生交流、家校交流，在交流中实现资源共享，在活动中感知学习的快乐，增进学生之间的友情。通过"我是蔬菜小行家"，培养和提高学生科学饮食、健康饮食的意识，养成光盘、节约、不浪费的美德，并激励学生多参与家务劳动，培养学生帮助家长在家中做一个小主人的情感态度。

六、教学重难点

（一）在活动的过程中学会观察、调查、评价。

（二）通过活动，学会独自思考，学会观察事物，学会辨别蔬菜。

（三）通过活动，使学生增强健康意识，留心自己的生活情景，培养"光盘"意识、节约不浪费的意识、在家主动做家务的意识。

七、活动安排

（一）各阶段要求

1. 第一阶段：主题确立阶段教学

本阶段主题：初步认识各类蔬菜及部分蔬菜的营养价值

拟解决问题：人体的营养从何而来

课时：一课时"健康与营养"。

目标：① 初步感知蔬菜的大类；② 引入综合实践活动的主题。

内容：① 通过问题引入主题"蔬菜"和营养素的六部分。② 教授蔬菜的定义和分类。学生通过思考，看图，初步学一学各类蔬菜，为第二阶段做准备。③ 小结出蔬菜对人体健康的重要性。④ 让学生初步认识各类蔬菜及部分营养价值，培养学生喜爱蔬菜的情感态度。

形式：讲授。

评价：学生自评（含评价表）。

2. 第二阶段：进阶教学阶段

本阶段主题：中英文学习并了解不同的常见蔬菜，培养学生多吃蔬菜、不挑食的好习惯。

拟解决问题：这是什么蔬菜？怎么进行英文描述？

目标：① 认知部分蔬菜、外形特征及其营养成分，尝试归类；② 培养学生多吃蔬菜、不挑食的好习惯；③ 学习部分蔬菜的英文并做简单介绍；④ 在各类游戏活动中巩固蔬菜词汇及表达；⑤ 拓展和蔬菜有关的英语俚语、谚语等。

课时：七课时"你好，蔬菜1—2""荷花、莲子与莲藕""Vegetables 1—4"。

内容：① 语文学科和英语学科相继与主题式劳动实践活动结合教学，通过"这是什么蔬菜？""它是如何生长的？"等问题引入进一步的学习。通过观看图片视频、小组交流、配对游戏、选择操练、角色扮演、情景对话等丰富的课堂活动形式，中英结合，学习并了解不同的常见蔬菜；② 在现实生活中，通过观察和调查的课后活动形式感知蔬菜的存在。在课后，通过布置"走进菜市场认一认""观察家中有哪些蔬菜"等小任务，将教学与实际生活相结合，设定不同的评价方式，让学生在学习中有目标、有动力。

形式：讲授、合作、探究。

评价：学生评、家长评（含评价表）。

3. 第三阶段：活动实施阶段

本阶段主题：让学生感知蔬菜的美，增强他们做家务的意识。

拟解决问题：在生活中，怎么买蔬菜？怎么画蔬菜？

目标：① 学会计算蔬菜价格；② 在实际情境中体验买菜过程；③ 观察部分蔬菜的外形，动手画一画。

课时：四课时"我们来买菜1—2""蔬菜小博士，我来画一画1—2"。

内容：① 数学学科与美术学科相继与主题式劳动实践活动结合教学，通过观察、统计、绘画、触摸、模拟蔬菜店的场景等课堂活动形式，培养学生的综合核心素养；② 通过该阶段的活动，学生能够熟悉并巩固各类蔬菜的外形及名称，通过运用数学加减法，模拟生活体验；③ 在校外时间，与家长一同去买菜，进行实际生活的实践。同时，设定不同的评价方式，鼓励学生积极认知蔬菜、感知蔬菜、喜爱蔬菜。

形式：讲授、探究、绘画。

评价：学生评、教师评（含评价表）。

4. 第四阶段：活动总结阶段

本阶段主题：提高健康意识、"光盘"意识、节约不浪费的意识、在家主动做家务的意识。

拟解决问题：蔬菜有哪些营养？如何更好地搭配食用？

目标：① 学习蔬菜营养的搭配，回家动手做一做；② 利用有限的蔬菜，拼出不一样的精彩作品。

课时：四课时"蔬菜营养多""我爱蔬菜1—2""蔬菜拼盘"。

内容：① 体育学科与主题式劳动实践活动结合教学，使学生了解蔬菜对身体健康的重要性，蔬菜所具备的营养价值与健康的烹饪方式。学生在课堂中，通过提问、思考、观察、学习、小游戏等方式，巩固对蔬菜的认知与了解。② 让家长走进学校进行家长课堂，让孩子们跟着家长动手做一做蔬菜拼盘，在活动中发现蔬菜的美，感受小组合作的乐趣，体验愉快的课堂教学活动。③ 在课后，通过布置让学生们试着洗一洗蔬菜、简单地搭配蔬菜、烹饪各类蔬菜的活动形式，增强学生的实操能力，增强他们在实际生活中对各类蔬菜的了解与体验。④ 在课时的最后，完成一份三维的评价表，辅助学生回顾"我是蔬菜小博士"主题式劳动实践活动，发现自己的能力，感受自己对蔬菜的喜爱，进而提高健康意识、"光盘"意识、节约不浪费的意识、在家主动做家务的意识。

形式：讲授、探究、实践。

评价：学生评、教师评、家长评（含评价表）。

(二)课时安排表

课时	单元主题	内容	目标	教师
1	确立主题：蔬菜	营养与健康	（智）初步感知蔬菜	A
2	认识蔬菜，培养多吃蔬菜、不挑食的好习惯	你好，蔬菜1	（智）认知部分蔬菜的外形特征，尝试归类	B
3	认识蔬菜，培养多吃蔬菜、不挑食的好习惯	你好，蔬菜2	（德）培养学生多吃蔬菜的好习惯	C
4	认识蔬菜，培养多吃蔬菜、不挑食的好习惯	荷花、莲子与莲藕	（智）认知部分蔬菜及其营养成分	D
5	学习用英文描述蔬菜，并在活动中运用起来	Vegetables 1	（智）学习部分蔬菜的英文并做简单介绍	E
6	学习用英文描述蔬菜，并在活动中运用起来	Vegetables 2	（体）在各类游戏中巩固蔬菜词汇及表达	F
7	学习用英文描述蔬菜，并在活动中运用起来	Vegetables 3	（智）学习部分蔬菜的英文并做简单介绍	G
8	学习用英文描述蔬菜，并在活动中运用起来	Vegetables 4	（智）拓展和蔬菜有关的英语俚语、谚语等	H
9	动脑买一买，增强学生做家务的意识	我们来买菜1	（智）学会计算蔬菜价格	I
10	动脑买一买，增强学生做家务的意识	我们来买菜2	（劳）在实际情境中体验买菜过程	J
11	动手画一画，感知蔬菜的美	蔬菜小博士，我来画一画1	（美）观察部分蔬菜的外形，动手画一画	K
12	动手画一画，感知蔬菜的美	蔬菜小博士，我来画一画2	（美）将各个蔬菜画结合，完善画作	L
13	配一配，提高健康意识、"光盘"意识、节约意识、主动做家务的意识	蔬菜营养多	（德）认知部分蔬菜及养成不挑食的好习惯	M
14	配一配，提高健康意识、"光盘"意识、节约意识、主动做家务的意识	我爱蔬菜1	（体）学生扮演蔬菜进行体育活动	N

续 表

课时	单元主题	内 容	目 标	教师
15	配一配,提高健康意识、"光盘"意识、节约意识、主动做家务的意识	我爱蔬菜2	(劳)学习蔬菜营养的搭配,回家动手做一做	O
16	配一配,提高健康意识、"光盘"意识、节约意识、主动做家务的意识	蔬菜拼盘	(劳、美)利用有限的蔬菜,拼出不一样的精彩作品	P

(三)附件

1. 各课时教案设计和PPT

2. 活动评价与反馈

附件5

整理书包及课桌
——主题式劳动教育实践活动教学设计

学情分析

刚入校的一年级小朋友,他们的书到处乱放,书包里、桌子上,杂乱无章,有的干脆把书或书包放地上,常常连下脚的地方也没有。不仅看起来脏、乱、差,要用书时花费好多时间也找不到。

教学对象

一年级学生。

教学目标

1. 帮助学生在具体活动中初步理解分类的含义;
2. 培养学生的动手能力,养成有条理整理物品的习惯。

教学准备

书包、课本、本子、橡皮、铅笔、文具盒等。

教学重点

怎样把学习用品有条理地装进书包,整理好自己的书桌。

教学难点

理解分类并养成整理的好习惯。

教学过程

一、导入

师：出示亚亚的书桌及书包整理情况，请同学们讨论怎样做能更有条理。我们要怎样帮丽丽把各种文具、作业、练习本、书本等有条理地装入书包，整理自己的书桌，正是这节课要学习的内容。

二、新授

（一）环节一：整理分类，装书包（计划用时10分钟）

师：出示并说明规则。

① 先将学习用品分为三大类：一类是课本；一类是作业本、练习本；一类是文具类，如橡皮、铅笔等。

② 按类整理，课本类是按照使用次数的多少排列顺序，先语文再数学，然后是思想品德、安全、音乐、美术、体育。

③ 学生记住这一顺序，并练习取放。

④ 作业本、练习本也按照科目放好。

⑤ 文具要装入文具盒内。

⑥ 装书包，先装课本，再装作业本、练习本，最后装文具盒。

⑦ 学生练习整理，同桌检查，全班评比并予以奖励。

生：按要求操练。

师：巡视并指导，拍摄过程中的照片。

生：展示成果。

师：点评（展示过程中的照片或视频）。

【设计意图】让学生在具体操作中初步理解分类的含义，并能有条理地整理好自己的书包。

（二）环节二：整理课桌（计划用时5分钟）

师：书包整理好后，要挂在书桌右侧的挂钩上，然后把个人的水杯及饭盒统一放在桌肚里。

生：每节上课，桌面上只留本节课要用的课本、作业本、练习本与文具。下课后收拾好上节课的东西，准备好下节课所需东西再离开座位。

【设计意图】让学生明白什么东西应该放在哪儿，并能在最短时间内做好。

（三）环节三：练习（计划用时10分钟）

师：说明要求。

生：听老师指令，在规定时间内，整理自己的书包及课桌，并帮亚亚整理好书包及课桌。

师：巡视并指导。

生：和同学们分享整理方法。

【设计意图】锻炼学生的动手能力及语言表达能力。

（四）环节四：分小组比赛（计划用时10分钟）

师：全班分成六个小组，看哪组同学整理得又好又快。

生：评出最优组及个人最佳整理小能手。

【设计意图】在锻炼学生动手能力的同时培养学生的竞争意识及协作意识。

三、小结

同学们这节课表现不错，都学会了帮亚亚同学整理书包，希望同学们不仅在课上学会整理，更要在课下养成整理的好习惯。

四、巩固

回家整理自己的书桌、衣柜、房间（三选一）。

五、课后反思

本节课在设计上从学生的实际出发，引导学生学会整理，感悟整理的好处，初步养成整理的好习惯。课堂上紧紧围绕"怎样去整理"进行教学，引导学生在知晓规则的情况下进行实践。通过比赛，激发了学生主动参与的积极性，这就保证了教学任务的顺利完成。在活动中，尽可能关注每一个学生，根据学生的不同特点，积极进行引导，让每一个学生都有所收获。由于总是想照顾到每名学生，在学生整理书包时，没有及时把控学生整理的时长，导致学生分享的时间有点儿仓促。

六、点评

课程设计能从学生的实际生活问题出发，目标符合一年级学生的成长需求，坚持劳动课程的育人导向。课程设计以劳动感知、劳动探究、劳动实践和劳动评价的基本教学环节贯穿整节课，围绕劳动素养，体现了劳动课程的性质和理念。本节课以恰当的情境导入新课，让学生对本节课的劳动内容有了具体的感知，在劳动实践环节先进行劳动规则和方法的探究，有了具体方法再进行劳动实践。通过小组比赛的形式开展活动，并评比最优小组和最佳整理小能手，教师既关注到了劳动实践的趣味性，又巧妙地融合了劳动评价。建议这个环节让学生说说书包在整理前后的对比，谈谈自己的感受和收获，促进学生劳动观念的形成。

附件6

学做小小收纳师
——主题式劳动教育实践活动教学设计

第一课时

学情分析

1. 学生身心发展特点；
2. 学生收纳意识和能力表现水平；
3. 相关学科已有的知识背景。

教学目标

1. 学生能够熟悉身边用品的基本属性，了解基本的收纳工具，并在完成收纳基本任务的过程中总结并介绍基本的收纳原则；
2. 初步了解收纳与整理的重要意义，培养主动收纳的意识；
3. 激发学生对日常收纳的热爱与积极性，为参与真实性任务做准备。

教学重点

帮助学生掌握基本的收纳原则，引导学生思考收纳与整理的意义。

教学难点

引导学生自己总结出收纳原则。

课前准备

观察家中不同房间的收纳情况，观察并与父母沟通具体的收纳规律与习惯，将观察内容记录在活动记录本上。可以辅助文字描述、图片和绘画。

【设计意图】从学生的身边着手，引起学生对身边收纳的关注。鼓励与父母沟通了解收纳与整理这件事，增加对收纳与整理的前期了解，有助于课堂教学的开展，也有利于保持与家庭的沟通。

教学过程

环节一：引入

师：找不同（利用多媒体展示多组不同类型整理前后的空间布局，书桌、衣柜、抽屉、书包等，让学生自由抒发自己的直观感受）。

生：观察教师在课件中呈现出来的图片，观察收纳前后的不同，表达自己的感受，总结收纳的意义。

【设计意图】通过展示学生熟悉的空间收纳前后的对比，帮助学生直观地感受到收纳与整理带来的改变，不仅包括生活上的便捷，同时在心理和情感上也能够提供一种不一样的感受。

环节二：收纳初体验

师：我来试一试。

展示两组杂乱无章的物品堆放：一个放满各种手工小工具、小盒子、零碎小物品和不同大小的本子的抽屉；一个堆放着不同大小厚度书籍，散乱放着笔袋、橡皮、笔、尺子，以及一些小纸张的小桌子。按照班级活动小组轮流完成收纳与整理的基础任务。

生：根据班级活动小组的顺序，前往讲台上进行观察与整理。

师：负责记录前后对比。

生：每一组负责在整理完成后打乱摆放，将收纳与整理任务交给下一组的同学。每组有2分钟观察和讨论时间，然后选派小组代表在2分钟内完成相关整理。

【设计意图】提供学生亲身参与劳动实践的机会，符合劳动课程的实践性特征。选取的两组案例都是学生熟悉的生活场景，有利于学生将任务中获得的经验成功迁移到接下来的现实生活中。

环节三：讨论与交流

师：在全部小组完成整理之后，教师展示不同小组的整理对比。

生：交流总结（梳理基本的整理原则）。

师：相同用途的物品放在一起；注意物品与收纳工具的匹配；注意同属性物品的外在区别，比如长短、大小、厚薄；注意使用频率和取出方便的原则。

生：按照教师展示图片的顺序，小组代表发言，小组成员补充描述刚刚收纳的内心活动，包括为什么这么收纳，如何选择收纳起点。

师：帮助学生将初步的想法抽象成共性的规律与原则。

【设计意图】讨论与交流是促进学生反思的重要途径之一，通过这一环节，将学生可能学习到的默会知识转化成迁移性强的文字，能够帮助一些平时收纳能力不是很好的同学在日常生活中根据抽象的原则进行有意识的收纳与整理。

环节四：巩固

师："我来帮帮忙"。

展现房间收纳小游戏，呈现不同空间，比如书房、客厅、卧室（具体类型根据课堂时间确定）的杂乱画面，给予学生们主导权，让学生们根据总结的相关原则去进行场景的物品摆放调整。

生：选取自己想要收纳的生活场景，在场景展示之后自由发挥自己的看法，小组内其他成员可以对其进行调整和完善。

【设计意图】随着时代的发展，有很多可以用在课堂中的小游戏，如模拟房间的小游戏可以用作教学中的巩固环节，游戏的同时还能引起学生的主动性，在玩的过程中巩固学习的知识。

环节五：课后拓展

1. 学生完善活动记录本的填写，完成总结与收获的撰写。

2. 完成知识与技能的检验，即课后习题（主要包括常见收纳工具与生活用品的匹配、收纳的原则和意义阐述等）。

第二课时

学情分析

1. 学生在第一课时课后习题中表现的知识习得水平；
2. 学生活动记录本中表现的价值观水平。

教学目标

1. 学生以小组为单位，给学校的手工教室提供一个完整的收纳方案；
2. 进一步提高学生的观察能力、表达能力和团队合作素养；
3. 提高学生的审美能力，并激发学生在进行真实改造中获得来自劳动的成就感，进而激发学生对基本的日常生活劳动的热爱，提高学生的审美能力。

教学重点

帮助学生利用收纳与整理规律完成收纳方案的设计。

教学难点

帮助学生进行收纳方案的完善和展示。

课前准备

"发现生活中的收纳"：布置课前小任务，小学生在正式开展学习之前，在手工课结束之后观察手工教室的各个角落；利用课余时间观察手工教室中的空间布局和物品摆放，并记录在活动记录手册上，提前关注手工教室的收纳与空间情况，为正式参与大任务做准备。

【设计意图】手工教室改造是一个比较大的任务，如果完全从上课开始观察，到设计方案与评价，时间上的安排就可能会比较紧张，因此，课前提前布置观察任务，能够合理地利用在手工教室上劳技课的机会。

教学过程

环节一：展一展

师：展示提前拍摄的手工教室的具体角落的摆设，为学生们指出方案的大体方向（工具收纳区、作品展示区、学生工作区）。

生：在教室规划的基础上，以小组为单位进行5—6分钟的实地观察，进一步记录和分析手工教室收纳不合理、有待改进的地方。

【设计意图】教师提供方案呈现的大方向，给思维发展还未成熟的低年级学生提供指导方向，设置二次观察的环节，能够帮助学生在明确方向后更加有的放矢。

环节二：想一想

师：方案对对碰。

师：安排学生进入小组自由讨论和设计环节。在过程中不断关注各个小组的进度并进行引导，保证环节的顺利进行。

生：以小组为单位，在20分钟内完成方案的设计与呈现，针对不同的空间提出具体的具有一定可行性的收纳与整理的措施。

【设计意图】坚持以小组为单位进行合作，在节约时间的基础上发展学生集体合作的能力。从设计方案到最终落实方案，保证了脑力与体力的共同参与。

环节三：评一评

师：在所有小组完成了方案的设计和展示后，由任课教师和手工教室的负责老师负责方案的点评。

生：对教师们对所在小组的点评认真回应，并关注其他小组的方案和教师们的点评，对方案进行打分。

【设计意图】通过评价与被评价，学生们能够再次巩固学习到的知识与技能。而负责教师的点评则能够帮助学生坚定自己学习的意义。

环节四：改一改

师：在点评环节结束之后，通过负责老师和大家的互评，完善并确定最佳方案，并组织学生利用剩余时间完成对手工教室的改造。

生：在点评环节结束后，综合大家的意见，对确定的方案进行完善，确定最终方案，并在教师的指导下完成对手工教室的改造。

【设计意图】这一环节是课程的重要环节，帮助学生将想法转换为现实，完成对手工教室的现实改造，给予学生一定的成就感。

环节五：课后拓展

1. 完成学习日记的撰写，记录自己的参与和收获；

2. 同组学生和指导教师完成评价表；

3. 教师根据个人评价表和学习日记完成最终评估，给出等第和指导意见；

4. 相关成果放入个人成长记录袋中做好存档。

附件7

整合资源，多渠道开展劳动教育

一、与课堂教学相结合

我们组织教师围绕劳动主题进行学科研修活动，精心备课、上课、研讨，抓住课堂主阵地发挥学科育人优势开展劳动教育，全员育人，形成合力。同时，抓住班会课对学生进行劳动教育，学校组织各年级骨干班主任根据主题教育课的目标、各年级孩子的年龄特点，设计了纵向递进的主题教育课系列，分为明理导行、实践操作、展示评比等类型，以年级组为单位精心设计每一节主题教育课的教案，制作PPT，在少先队活动课上统一开展，在明理、交流、辨析、实践、展示等过程中让学生加深对劳动的认识，唤起学生主动劳动的意识，养成良好的劳动习惯。

二、与班集体建设相结合

各班各中队目标紧紧围绕劳动主题，在班级环境布置中有相关的主题板报，有学生用书法书写的劳动名言名句，利用课间、午间唱唱有关劳动的歌曲等，在自主自动中营造浓浓的劳动氛围，带动学生积极投入活动中。以班级小岗位为抓手，让每一个学生有劳动岗位体验，学校对班级小岗位进行分门别类的梳理，分为管理型和事务型两种，其中事务型小岗位又归为四类，分别是清扫类、节能类、发放类、护绿类。每一个小岗位都制定了具体标准，让学生明确要求，能按照要求做好小岗位。

三、与家庭、社区相结合

在校级家委会上，学校与委员们详细阐述学校开展劳动教育目的、活动内容、活动安排等，特别是对在家需要家长配合的部分进行详细的商讨，在聆听交流中家校达成一致，并由校级家委会领导年级、班级家委会将活动层层落实，推动活动的开展。为了使全体家长更清晰地了解活动，明确要求积极配合，学校组织班主任工作室各年级的骨干教师将活动的目的、内容、要求、操作方法等进行详细解说，并拍成视频供家长学习。在家长会中，我们开设家长沙龙，请家长交流分享活动中的经验和收获，相互学习、共同进步，调动家长们的积极性和持续性。

学校还与社区积极联动，利用社区周边资源拓宽学生的劳动空间，结合草莓园带学生学习草莓的生长过程和养护常识，学习正确采摘草莓的方法，交流分享劳动收获和体会；积极参与社区公益劳动，学习宣传垃圾分类、做社区清洁小卫士等，让学生接触更多的劳动内容，习得更多的劳动技能，在社区联动中加强对学生的劳动教育。

四、与实践活动相结合

学校积极探索劳动教育的新方式，把劳动教育和学校的德育工作、行规工作紧密结合，设计开发了巧手节活动，结合上级劳动教育工作精神和本校学生实情，与时俱进地制定主题、开展活动，形成学校劳动教育的特色。

我们根据目标和要求，设计了分年级"我是爱劳动的好孩子"劳动实践卡，正面是学生每天在家庭中的劳动小岗位，完成一项岗位劳动由家长贴上一颗劳动星，加星栏里主要是学生在校完成班级小岗位的评价，由班主任老师给予相应的劳动星。反面是家务劳动建议和一些具体的评价要求和操作说明。每个孩子要求有一项必做项目和建议至少两项自选项目。依托劳动实践卡，在一个月中加强学生的劳动教育，养成劳动好习惯。

劳动小达人比赛是最为精彩也是最受欢迎的节目。我们根据各年级学生的劳动岗位设置专场比赛，分别是一年级洗手、二年级整理书柜、三年级叠衣服、四年级淘米烧饭、五年级洗切葱姜蒜。在以赛促学、以赛促练中，让学生的劳动技能得到展现，劳动能力得到肯定，也为更多的学生树立榜样，激励他们不断努力。

五、与评价激励相结合

为了让学生坚持劳动，养成好习惯，学校设计了以"劳动小达人"为最终目标的称号评价体系，通过评选班级、年级、校级劳动小达人来激励和督促学生不断努力。在家里，通过"我是爱劳动的好孩子"评价表，每天请家长们给孩子贴星评价，同时要求家长每周上传一次孩子的劳动视频，班主任根据孩子的劳动情况给予加星评价。在班中，两周进行一次小岗位的评定，分为优秀、合格两个等级，给予相应的贴星评价。一个月后，累积得星50颗以上的孩子获得班级"劳动小达人"称号，并获得参加年级"小达人"比赛的资格，胜出的前十名获得年级"劳动小达人"称号，并参加校级"小达人"比赛，最终胜出者获得校级"劳动小达人"称号，在闭幕式上进行表彰颁奖，并为获得校级"劳动小达人"的学生做专访、出专刊，在学校电视台、微信、校园橱窗等平台进行宣传。

第二部分 随思

运用资源设计德育活动

随思，是在工作实践中"随时"产生的一些感悟与思考，是真实而又深刻的灵感。

育人是一个系统工程，需要整合各类教育资源，以实现全面、均衡的教育目标。整合教育资源，需要我们德育人，包括教育管理者、教师、家长、社会各界的共同努力和智慧。通过有效的资源整合，我们可以为学生创造一个更加丰富多彩、有利于全面发展的教育环境。这个环境，包含孩子成长的第一课堂——家庭教育，系统的知识传授和能力培养的场所——学校教育，实践和应用的平台——社会。

教育资源主题化整合，是一种将教育资源按照特定主题进行分类、组织和呈现的方法，旨在提高教育资源的利用效率，促进学生深度学习，并满足其个性化学习需求。我们可以通过确定主题、收集资源、筛选与分类、整合与优化、呈现与共享等环节，提高教育资源的利用效率和学生的学习效果。

教育资源课题化实施，是通过系统化、结构化的策划和组织，实现教育资源有效利用和教学质量提升的方法。通过课题化实施，使教育资源更加聚焦、高效，促进学生在特定领域的深入学习和探索，帮助学生深入理解课题内容，也对我们教师提出了更高的专业要求。

教育资源的项目化设计，是将分散的教育资源进行有针对性的整合和优化，形成支持该项目教学和实施的完整资源体系。通过项目化设计，学生可以在德育实践中培养创新思维和实践能力，满足个性化的学习需求，促进教育资源的均衡分配和利用。

教育资源课程化架构，是将筛选后的资源按照课程的逻辑顺序和结构进行整合，形成支持课程教学和学习的完整资源体系。同时，对资源进行优化处理，提高资源的实用性和可操作性。

教育资源校本化实施，是指学校根据自身的办学理念、教育目标、学生需求、地域文化特色，对教育资源进行有针对性的选择、开发和利用，以构建符合本校特色的教育资源体系。通过校本化实施，使教育资源更加贴近学校实际，体现学校特色，促进学生全面发展和个性成长。

教育资源多元化构想，需要我们从明确目标与理念、资源整合与优化、课程开发与实施、师资培训与团队建设、评价与反馈等多个方面入手，通过系统规划和实施，构建一个支持学生全面发展和个性成长的协同育人环境。协同育人，更需要管理层、教师、学生及家长对多元化教育资源协同育人的理念达成共识，以形成共同的教育愿景和行动指南。

其实，我们所处的地域或环境都有其独特的资源，我们德育人要有意识和慧眼，发现这些资源、利用这些资源、开发这些资源，在丰富多彩的教育活动中，增强学生的认同感和自豪感。

这样的"随思"，可以更具思想力和说服力。

> 实践育人：教育资源主题化

指向价值观体悟的社区资源主题化融合的开发与实施

深入践行并领悟社会主义核心价值观，是我们每位教育工作者努力的方向、奋斗的目标、共同的理想。我们所在社区的教育资源具有浓郁的文化气息、丰富的史料、多样的形式，正是引导学生深入领悟和感受社会主义核心价值观内涵和意蕴的鲜活载体。

（一）问题分析

我们如何以大教育观来更新教育资源观，从而审视现实中的问题或现象？需要我们加大教育跨越学校围墙的力度，帮助学生在实践参与中认同社会主义核心价值观，并赋予社会主义核心价值观教育新的生命力。

（一）社区资源缺乏统筹整合

虽然许多社区开发、挖掘并形成了一定数量的教育资源，也开放了部分资源，但还无法满足社会主义核心价值观教育的需要。由于对社区的教育资源缺乏统一的规划、统筹、整合，在畅通交流渠道和相互开放的诚意上表现欠佳，社区资源整合与共享的效能发挥并不理想。

(二)社区资源缺乏宣传渗透

深入开展社会主义核心价值观教育,需要充分调动学生积极参与的热情,让更多的社区资源助推学生去感悟与体验。然而,学校在组织活动时,并没有很好地利用这些资源,致使学生对教育活动缺乏内在的激情和动力,热情明显不高。原因在于社区资源并不为学校所了解、学生所知情、教育所引用,宣传力度明显不够。

(三)社区资源缺乏设计利用

其实,众多社区资源也只是流于形式,以"公共服务"替代"教育效能"。对资源的主题化设计和针对性利用显得"火候不够",导致我们的学生对价值观所呈现与表达的深厚蕴意感悟不深,没有深入激发学生对社会主义核心价值观的认同感。

二、开发框架

在实践中,需要我们对社区教育资源进行整合与分类,尤为重要的是进行主题化融合与开发,为学生更好地体悟创设平台和机遇(见下图)。

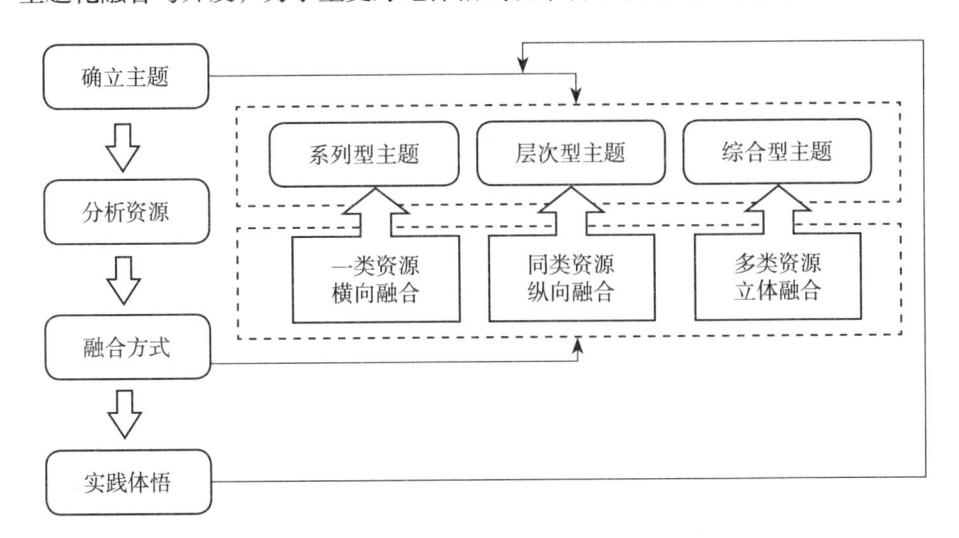

社区资源主题化融合框架

（一）开发系列型主题，横向融合社区教育资源

社会主义核心价值观教育面广量大，围绕社会主义核心价值观教育的内容，把多项社区资源横向进行系列型融合，旨在让教育主题呈现层次性、阶梯性和衔接性，使教育活动持续长久、内容丰富、体悟深彻。在实践中，我们结合教育需求，把某一类教育资源进行主题式融合，形成教育的系列活动。

在整合农耕博物馆资源时，我们进行系列型主题设计：系列之一"小眼睛看过来——认识家乡的农耕工具"，通过活动引导学生了解劳动的发展历程；系列之二"小耳朵听到啥——聆听前辈的农耕故事"，帮助学生了解家乡的农耕文化；系列之三"小脑袋转起来——未来农业生产大畅想"，鼓励学生树立热爱家乡未来农业的信心。在参观农耕展示馆并认识农耕工具之后，举办农耕工具使用推介会，展示学生的农耕工具摄影作品；通过走访农民家庭，了解过去的农家生活，在小报设计中展示他们的专项调查小报告，感受劳动人民的勤劳俭朴；通过科技创想大赛让学生充分想象美好的未来，在与现代化园区的比较中激发他们从小立志建设更加美好家乡的愿望。

（二）开发层次型主题，纵向融合社区教育资源

在开展社会主义核心价值观教育活动时，我们根据不同年段学生的年龄身心特点与认知规律进行设计和策划，更好地对同一类资源进行纵向深度融合。我们围绕教育目标和教育内容，把这些社区教育资源进行纵向层次型采集与梳理，形成适合不同年段学生需求的教育主题，凸显主题的层次感。

我们围绕着主题"敬业——劳动最光荣"，在乡土彩豆资源开发中，严格遵循"低年级学生的体验教育应体现活动的趣味性和娱乐性，高年级学生的体验教育应体现活动的理解性和体悟性"的教育规律。在实践中，低年级以"观彩豆形"为主题、中年级以"知彩豆神"为主题、高年级以"作彩豆画"为主题进行层次型设计：低年级学生通过聆听彩豆的传说，初步了解与彩豆有关的种植历史，明晰彩豆的来之不易；中年级学生通过深入了解彩豆的种类和特性，树立尊重生命的意识；高年级学生通过调查彩豆之乡、制作彩豆之画、搜集彩豆之诗，充分感悟劳动所创造的价值。

（三）开发综合型主题，立体融合社区教育资源

在结合各类教育资源开展社会主义核心价值观教育过程中，我们围绕教育主题，把不同类型的教育资源进行立体融合，紧扣这一教育主题达成教育目标，帮助学生细致地感悟，提升价值观教育的适切性。

我们把现代工业园区、古镇风貌特色、新农村新貌、洋山深水港等教育资源以"喜看家乡新风貌"为主题进行立体融合设计，引导学生充分认识和感受家乡经济、政治、文化等方面的成就与幸福、目标与收获、忧虑与展望，从而增强学生的民族自尊心和自信心；我们按照"是什么—为什么—怎么办"的框架对监狱教育基地、人民法院、敬老院等社区场馆资源以"在倾听中成长"为主题进行设计，引导学生感受到自由与平等、公正与法治所带来的美好生活；我们又以"跟着父母去上班"为主题开展体验活动，通过参观家长工作的地方、体验家长工作的环境、感受家长上班的辛苦，引导学生真切感悟爱国与敬业、诚信与友善的价值准则。同时，将家长大讲堂、高科技垃圾处理站等资源融合进主题教育活动并形成教育案例，把以认知为主的课堂学习与以实践为主的体验学习充分融合，勉励学生在实践中进行尝试与探究、质疑与批判、创新与体悟。

三、实施对策

将这些洋溢着家乡的文化气息、浸润着先辈的聪明才智、透射着奋进的感人情怀的社区资源进行主题化融合与开发，引导学生多层面、多维度、多触点地体验，帮助他们更好地关注社区的发展变化、培养社会的良好情感、体悟身边的美好生活，以更加饱满的热情去探究广阔的学习空间、获得有益的人生经验、促进友善的人际关系。

（一）在字里行间体悟——基于课堂横向融合

"秋冬季动植物究竟发生什么变化？"这是来自我们课堂上学生的质疑。课堂是我们引导学生体悟社会主义核心价值观的主阵地，我们身边的社区资源

更是鲜活的，值得体悟的内容十分丰富，而且就在课堂内外的字里行间。

把阅读与家乡古镇文化资源紧密融合：查找描写桃花、梅花、荷花的古诗词；搜集一个与花有关的故事；梳理各种花的语言……学生在课堂上或朗读或背诵或表演，把自主探究的成果与大家分享。在实践中，我们达成共识——学校的课程与社区的教育资源应打破相对封闭的状况，提倡各学科间的融合。如在学习《家乡的桥》时，美术、语文、自然、数学、英语等各学科根据自己学科核心素养的要求，融入合适的教育资源：美术课上"画"桥、语文课上"说"桥、英语课上"赞"桥、数学课上"数"桥、音乐课上"颂"桥……家乡的桥、祖国的桥、世界的桥，历史上的桥、现代化的桥、心灵间的桥，桥的历史、桥的风采、桥的之最油然而生。

社会主义核心价值观教育的内涵得以系化、强化和细化，以此帮助学生收获活跃的课堂、收获分享的喜悦、收获阅读的乐趣，在字里行间体悟真善美。

（二）在望闻问切中实践——基于活动纵向融合

在主题教育活动中，引导学生通过搜集民间传说、寻找身边先进人物、探究历史遗迹等方式，挖掘符合学生身心发展需求和教育活动目标的社区人文资源，帮助学生完成活动任务，体悟核心价值观。学生认识事物的过程是由浅入深、循环往复的，而活动是进行价值观体悟的有力载体。

在设计活动时，我们注重目标的分解，让目标呈现层次性、实践性、体悟性。我们充分融合高校资源来设计主题教育活动，把体悟的平台创设得更加宽敞。一是组织学生参观高校的实验室；二是邀请大学生进课堂；三是组织学生探究高校楼宇名称。看着各种实验演示，学生对科学实验充满期待与幻想；操作模拟磁悬浮列车、驾驶太阳能汽车、尝试3D打印，学生被神奇的魔幻与魔性所深深吸引；不同楼宇的名字更是令学生们津津乐道……我们从家长教育资源库中筛选家长自愿提供的课程资源，形成"半日营社会考察"系列课程，在开发与实施中，让孩子们接触社会，了解劳动创造财富的过程，了解民族工业和企业的发展。组织学生去极地研究中心和"雪龙"号南极科考船上参观学习考察，了解我们国家南极科学考察事业的发展，弘扬"爱国、拼搏、协作、创新"的极地精神；去家乡知名企业（生产基地）参观，了解知名民族品牌的诞生与发展历史；去大飞机制造、三一重工、华为配件生产基地等民族工业企业参观，感受科技创新带给我们的自信；去中药种植园（百草园），了解祖国中医文化的独特魅力；去通用汽车，了解洋品牌在中国的本土化历程……

这些地方都成了孩子们开展社会主义核心价值观教育的第二课堂。在望闻问切式的体悟中，鼓励学生尽早播下探究的种子、尽情编织深造的梦想、尽心构想未来的职业。

（三）在鸟语花香中呼吸——基于生活立体融合

来自生活的体验更是无处不在、无时不有。饭桌上一个话题的交流、电影院里一部影片的观看、超市里一次畅快的购物，都能调动学生的各种感官去看、去听、去想。超市购物时不把物品弄乱，就是对他人劳动的尊重；地铁上不大声喧哗，就是文明修身的表现；社区内主动参与志愿服务，就是服务他人的锻炼……

我们以"江南水乡农家新貌""悠悠岁月民风民俗""家国情怀游击故事""数字时代科技创新""文化繁荣美好生活"等五大主题，组织学生了解家乡沿革、民俗乡情、景观人文。针对学校特殊的孩子，组织他们到大自然中，去触摸、去感受、去品尝。通过游中学、学中悟、悟中思的社会实践活动，让学生有体验、爱尝试、会积累，从而增强对家国的认同、加深对文化的理解、树立对生活的自信。

这是动态开放、生动多元、鸟语花香的生活环境，更是自主探究、融入呼吸、瞬间体悟的成长环境。

（四）实践思考

学生对社会主义核心价值观的形成、认同、提升，要经历一个由模糊到清晰、由了解到认同，再到知之甚多的过程。借助社区资源，让抽象的理论知识回归现实，在感知、认知、熟知、洞察、体悟、慎思中，形成越发明朗、越发成形、越发坚定的价值观。

（一）在融合源头上：直面认知冲突，形成正确价值观

主题化开发社区资源的过程，也是学生审视纷繁复杂的社会现象、考问殊途同归的道德判断、直面认知冲突的价值认同的过程。价值观冲突是连接学生固有价值观与正确价值观的通道，也是树立正确价值观的必要条件。在各种各类体悟中，学生寻找到价值观的碰撞点和共振点。在价值观的冲突中，学生会以更加积极的姿态去分析、讨论、思辨，塑造凸显主心骨的灵魂。

在实践中，我们在对教育资源进行梳理时，抓好关键源头，资源的融合要与价值观教育的要求相匹配。面对"洋节是要全然否定吗"的思辨，在组织"洋节与中国传统节日大PK"活动中，学生在辩证的视角下，畅游自由的对话空间，培养理性看待问题的思维方式，真正领略"洋节与中国传统文化节日"的真谛所向。以开放心态接纳外来优秀文化，领略中国文化源远流长与博大精深的文化价值，在体悟中自主构建正确的价值观。

（二）在融合形式上：催生情感共振，认同社会价值观

把社区资源主题化融合与开发，使社会主义核心价值观更显体验化、形象化、生活化。社区资源蕴含着极其丰富的活动、探究、体验资源。在有所知、有所悟、有所行的亲身感知、躬身践行、切身领悟中，学生的社会公德和基本道德得到培养，对价值观的内涵有更为清晰的认知与认同。

在"寻找最美代言人"主题活动中，学生参与志愿者活动，传播社会正能量；参与道德小论坛，探究如何进行思想道德修养；挖掘身边的道德模范故事，提升道德情感；曝光身边不文明行为，感受提高公民道德素养的意义……我们积极融合家长资源，开展"家长志愿者"活动，让有特长的家长走进校园、走进社团，让更多的家长更深入地了解学生的情况和学校的办学理念。舞艺高超的，就可作为舞蹈老师；棋艺超群的，就可作为象棋活动指导者；医术精湛的，就可作为健康知识讲座的老师。有的家长志愿者来校讲授蔬菜的种植，有的传授学生珠编技艺，有的来校举办青春期讲座，有的带学生们到自己的企业进行参观学习，这些活动深受学生们的喜爱。

学生自主实践与体悟价值观，不断转化、巩固、升华对价值观认同，催生

情感共振，增强责任意识，对价值观做出正确的判断和选择。

（三）在融合内涵上：强化主流引领，提升核心价值观

融合蕴含有丰富多彩的劳动、生活、实践知识的社区资源，并进行主题化开发，能更好地深化学校教育课程的内容，给学生提供更为充实、更为多样、更为有效的学习资源和体悟环境。

融合丰富的社区教育资源开展教育活动，有助于我们的学生关心社会、关注社会、融入社会。丰富的社区教育资源为我们的学生提供更加广阔的探究学习空间，获得有益的人生经验，更好地促进他们的可持续发展。社会主流价值的引领富有强大的激励、匡正、导向功能，学生浸润于这样的资源之中，充分感受主流价值的正能量，并在积聚和明晰正确的价值取向中，培育积极向上的健康阳光心态。学生在学校、家庭、社会中从小事做起、从点滴体悟，形成坚定的信念，追求更高的目标，明白什么是友善、怎样做到诚信、何为敬业价值。学生能够水到渠成地认同和接受社会主义核心价值观，就会向着更加稳健、更加理性、更加坚定的方向发展。尤为重要的是，懂得关注周围的生活，了解社会的分工合作；形成对社区的良好情感，聚焦社区的发展变化；提升融入社会的能力，增进对自身、对他人和对社会的理解。

联动社区教育资源　打造五重育人课堂

提升中小学生的综合素养,是新时期立德树人的创新实践之举。面对后疫情时期教育的需求,更需要我们联动社区教育的资源来打造与综合素养提升相匹配的五重课堂,营造"小社区大课堂"的教育氛围。综观这些资源,它们洋溢着家乡的文化气息、浸润着祖辈的聪明才智、透射着榜样的励人情怀,它们有助于学生扩展和延伸学习探究的空间,更有助于学生在体验中锻炼能力、提升素养、增强社会责任感。

（一）立体课堂：联动社区设施资源

社区有着丰富的活动场地、展览场馆或媒体设备等资源,这为我们开展教育活动提供了强有力的保障,关键是我们如何整合、如何协调、如何运用,以之勾画我们育人的立体课堂。

以农耕展示馆为例：

（一）资源内涵

馆藏资源：作为现成的实物展馆,能给学生以直接的、感官的认识。

专家资源：馆内专家团队能悉心指导与培训学校的师生,同时选派师生参与馆内的各类培训,成为小导游和讲解员。

设施资源：农耕馆还提供了动手操作的专业设施,学生不仅可以在课堂中感知优秀的传统文化，还可以通过亲身实践来体会劳动所创造的价值。

（二）内容设计

时间	主题	形式	对象	目标	场馆资源利用情况说明	预期成果
5月	童眼看展馆/认识家乡的农耕工具	农耕展示馆参观	1—8年级	认识农耕展示馆里的农耕工具，了解劳动人民过去的劳动生活，增强自豪感，培养爱家乡情怀	参观农耕展示馆，认识农耕工具	农耕工具摄影作品展；农耕工具使用推介会
10月	耳听八方音/了解家乡的农耕工具文化	社会小调查	3—8年级	通过对农民家庭的走访，了解过去的农家生活，感受劳动人民过去的艰苦生活，帮助学生树立勤劳俭朴的意识	通过走访，结合农耕展示馆中所了解到的农耕工具和农耕习俗，互相融合，提高认知	调查小报告；小报设计作品
12月	未来大畅想/热爱家乡的未来农业	"科技创造未来"征文大赛	3—8年级	发挥想象，憧憬未来，通过科技创想大赛让学生充分想象美好的未来，从而从小立志，建设更加美好的家乡	通过展示馆中的农耕工具所具备的功能，从而畅想未来如何扩大其功能且具备更高的未来科技，以展示馆中的工具为畅想基础	学生征文；未来农业科技想象画

（三）学生体验

主题教育活动——学生根据活动主题，设计活动方案，运用场馆资源开展活动；社会实践活动——学生走出校门、走进社会，在社会大课堂中深入体验，他们在参观走访中增加见识、拓展阅历；比赛竞技活动——通过摄影作品、小报制作、征文演讲、想象作画等比赛，让学生在参评的过程中收获劳动的成就感。

（四）目标达成

学生参观了馆内的展品，认识了农耕工具，这一学习过程简洁、形象、直观。在此基础上，开展了小调查，在学习与认识的同时，收集与梳理了更多的素材，反馈给农耕展示馆。在这样一种立体式的课堂中，学生了解了过去劳动人民的劳动生活和农耕习俗，充分感受到了劳动人民的勤劳俭朴与聪明才智，正确树立了劳动意识并养成了良好的劳动习惯。

二、生态课堂：联动社区自然资源

学生持续学习的时间越长，越容易造成学习疲劳。大自然的壮山秀水、沃土产物、生命生灵等都是具体形象而又充满生机的，学生看得见、摸得着。而且，后疫情时期下的教育启示我们：架构"人与自然和谐共生"的生态课堂尤为凸显。有意识地把这些资源整合进我们的课程，促成学生在情感上的喜欢与认同，在内心上的震撼与爱护。

以特色课程"彩豆画"为例：

（一）资源内涵

彩豆、芦苇、稻草、麦秆、桃根、土布等都是丰富的自然资源，"彩豆画"特色课程正是立足于社区的彩豆这一自然资源开展实践的。彩豆，简便易得，且具有自然性、实践性、探究性和独创性，而制作的彩豆画作品凸显了材料新、题材广、手法奇、工艺妙等特点。

（二）内容设计

年段	一级指标	二级指标	三级指标	具体课程目标
低段	观彩豆形	传说与历史	聆听彩豆的传说，初步了解有关彩豆种植的历史，激发兴趣	认识彩豆，培养对彩豆的浓厚兴趣，正确树立劳动的意识
		认识彩豆	感受彩豆的形态特征，培养对彩豆的兴趣	
		作用与价值	初步了解彩豆的装饰作用、药用价值	

续表

年段	一级指标	二级指标	三级指标	具体课程目标
低段	观彩豆形	培育与加工	初步了解彩豆的种植与加工知识，涉及一些简单的加工过程	
中段	知彩豆神	种豆史	深入了解彩豆的种植历史，感受彩豆的来之不易	知晓彩豆历史，深入了解彩豆，体验劳动的光荣，并以做彩豆制品为突破口，渗透生命教育与民族精神
		类别与特点	知晓不同种类豆的特点与价值，学会辨别不同种类的豆	
		彩豆制品	简单制作首饰或挂件	
			了解彩豆药用价值	
高段	作彩豆画	彩豆艺术	创作首饰品、装饰品	在彩豆艺术中感悟彩豆的品性
			研究家乡彩豆：现状、前景	
		其他	研究彩豆与环保：水质与相关污染	

（三）学生体验

学生在各学科中都能得到充分的体验。在美术课堂中，学习彩豆画的基本知识和基本技法；在语文、音乐、体育等课堂中，感悟深厚的人文精神；在数学、信息技术、劳动技术等课堂中，学习科学知识、科学方法、科学思想和科学人文精神……构图，学习点、线、面的有机结合；选豆，学会形状、颜色、大小的协调组合；摆放，感悟平面、立体、层次的相得益彰。

（四）目标达成

学生通过收集彩豆，了解和认识了彩豆，培养了对彩豆的兴趣。在体验彩豆画制作后，基本掌握其独特的制作方法。学生从播种、开花、结籽到采摘，感悟了生命的力量；从独立构图、设计制作、争彩豆章，达成了"个性像彩豆一样灿烂"的培养目标。学生深入探究生命的价值、参与家乡古镇的保护、目睹海港空港的建设、一张张京剧脸谱、一个个萌萌生肖、一幅幅小桥流水人家……这些精美而且具有民族元素、时代特色的彩豆画不仅装点了校园,更让"收获像彩豆一样丰硕"的培养目标得以落实。

三 人文课堂:联动社区乡土资源

促进学生健康成长的教育内容可谓是丰富多彩的,一方水土养育一方百姓,乡土文化的浸润与熏陶,对学生来说是不可缺少的。乡土资源的本土性、直观性,决定了学生更容易接近、接受和感知,在潜移默化的熏染中,让人文精神、人文环境和人文故事融入我们的人文课堂之中。

以《农家风貌 美丽家园》为例:

(一)内容设计

次序	单元主题	教学内容	教学要求	设计说明
第一单元	江南水乡,农家风貌	镇区所在地、面积	知道位置、面积(认一认地图)	本单元通过学生"认一认,画一画",使学生知道家乡的地理位置、联系自己的周围理解自然环境和农家的特征
		地理风貌、气候特征	气候特征,龙卷风的危害	
		自然资源	土壤植被,河流分布	
		鱼米之乡	植物资源、水产资源(画一画风景)	
第二单元	悠久历史,民间风俗	地名的由来,姓氏的变迁	陈桥、鹿溪等,学生调查自己周围的姓氏(调查一下)	本单元安排了学生调查、实践体验,让学生在自己亲身的活动与体验中,更好地认识民间风俗,了解我们的悠久历史
		传统节庆	春节、元宵节、上巳节等(过一过)	
		庙会集市	旧时庙会、集市	
		古建筑、树木	祠堂、古石桥(寻访)	

续 表

次序	单元主题	教学内容	教 学 要 求	设 计 说 明
第三单元	爱国激情，光辉战斗	保家卫国	参加抗日战争、解放战争、抗美援朝、响应征兵（调查自己周围参加兵役的人）	通过学生调查和瞻仰活动，让学生认识我们地区的优良传统，学习革命先烈们面对困难，挺身而出的精神，培养学生的爱国激情
		纪念碑下的沉思	朱家店伏击战（瞻仰纪念碑）	
		游击战的胜利	储家店战斗、陈桥伏击战	
		英雄人物	认识革命战士	
第四单元	现代工商业，发达农副业	工业	塑造品牌，追求效益（找一找自己周围的工厂）	本单元通过学生寻找自己周围的工厂、品尝瓜果等活动，让学生明白自己社区的经济发展的状况，从而培养学生热爱家乡，为家乡而努力奋斗的意识
		农业	特色瓜果远扬名（品一品）	
		商业	多家经营（说一说自己去过的商店）	
		养殖业	家畜饲养、畜禽牧场（阿强蛋的辉煌）	
第五单元	文化繁荣，社区新貌	民间文化	民乐队、故事、山歌、俗语谚语（学生故事比赛、一技之长）	通过学生参与比赛和拍一拍活动，让学生感受我镇浓烈的文化气息，崭新的面貌，让学生对本镇的前景充满希望，为了家乡的发展而认真学习，学好本领
		社区设施的新建	文化宫、电影院、学校、医院等	
		环境和谐	环境保护，广场增多，绿化普及	
		新镇的开发	新的集镇、设施的设计、开发、前景（学生拍一拍新貌）	

（二）学生体验

在主题活动中展示：学生在"江南水乡，农家风貌"主题教育活动中，去了解家乡的地理位置与面积、气候特征与地理风貌、土壤植被与河流分布、植物资源与水产资源，以此打开认识家乡的大门。在班队活动中研讨："渊源历史，民间风俗"班队展示活动，帮助学生了解家乡地名的由来与姓氏的变迁、身边的传统节庆、庙会集市、古建筑与树木，锻炼了学生小调查、小研究、小创作的能力。

（三）目标达成

学生在这样的人文课堂中，得到了乡土文化的熏陶，探寻家乡的富饶和美丽，继而萌生对家乡的亲切感和自豪感。人文课堂的营建，从课外到课内、从社区到课堂、从民间到课程，充分透射出乡土资源的人文性与教育性。

四 魅力课堂：联动社区基地资源

集劳动、探索、研究于一体的社会实践活动，得到了学校的高度重视、家长的充分肯定、学生的积极参与。把社区的各类实践资源合理整合，形成适合自己学校发展的、赢得家长积极响应的、促成学生健康成长的实践基地，基地资源的教育魅力也得到了充分的彰显。

以"主题式探究实践活动"为例：

（一）内容设计

年级	活动主题	活动基地	基地特色	培养目标	探究要求
一	爱国主义教育	名人故居、家乡的伏击战等	参观故居、纪念碑，观看英雄故事的录像	初步培养学生爱国主义精神	探究革命先烈的英雄事迹
二	爱劳动教育	瓜果城	观看各类瓜果生长过程等	培养学生热爱劳动，体会劳动的艰辛，珍惜劳动果实	探究瓜果的生长过程，学习动手操作，拥有一双勤劳的手

续 表

年级	活动主题	活动基地	基地特色	培养目标	探究要求
三	诚实友善教育	社区敬老院	为敬老院打扫卫生、慰问老人，送上爱心礼品	培养学生的感恩意识等	探究中华民族的传统美德，孝敬长辈，感恩父母等
四	爱科学教育	生活垃圾科普展示馆等	观看垃圾分类和参观各种船模	培养学生环保意识和科学探索精神	探究如何垃圾分类和变废为宝，体验科技的魅力
五	法治安全教育	市禁毒科普教育馆等	观看国防、禁毒宣传片和图片展览	帮助学生树立安全意识，珍爱生命	探究毒品对人体的危害，参与国防演练等

（二）学生体验

在"紧急救护！蓝天小分队在行动"的主题式探究实践活动中，根据学生的身心特点，我们把"帮助学生树立安全意识"这个大目标分解成：了解有关防震减灾的相关知识、引导和帮助学生学习包扎和逃生演练、开展增强安全意识的两难判断等小目标，然后结合基地的功能设计活动。学生通过看、听、练、创等环节，学习知识、把握标准、科学研判、救护演练，整个体验过程现场感强、紧张刺激、智慧果断。

（三）目标达成

魅力课堂，改变了以往的社会实践活动模式，把教育资源整合在实践基地之中，在看、听、说、玩的基础上，设计出各个探究性的主题，引导学生用心玩、用智想、用技创。

五 双赢课堂：整合社区人力资源

我们所在社区有着众多具有比较丰富社会实践能力和知识积累的优秀人

士。对于学校教育，他们都愿意成为教师队伍中的志愿者，以实际行动来诠释"人尽其才、物尽其用"的内涵。在这支队伍中，尤为突出的是我们的学生家长。根据家长的特长和知识水平进行归类，就是整合社区人力资源的主要渠道。

以"生命力量"课程为例：

（一）资源内涵

有心积累家长教育资源库，具有积极的发展内涵，也帮助我们形成系列实践课程。

（二）学生体验

去极地研究中心参观学习考察，了解我们国家南极科学考察事业的发展，弘扬"爱国、拼搏、协作、创新"的极地精神；去知名企业——大白兔奶糖的生产基地参观，了解民族知名品牌的诞生与发展历史；去大飞机制造公司参观，感受科技创新带给国人的自信；去中药种植园，了解祖国中医文化的独特魅力；去知名物流企业，了解洋品牌在中国的本土化历程……

（三）目标达成

学校以家长单位或家长熟悉的社会场所为考察地，打造双赢课堂。一方面，让学生的第二课堂更加宽敞，内容更加丰富，在体验劳动成果的同时，从不同的侧面了解了爸爸妈妈的工作环境与工作特点，体悟劳动的艰辛、珍惜劳动的成果、感恩父母的养育；同时，双赢课堂既让学生家长的才华或才艺得到了充分发挥，也为建立良好的亲子关系搭建了平台。

整合校外教育资源助力
学生健康成长的实践研究

随着社会的多元化发展,单一的校园德育活动已经无法满足学生对于多元化价值观念的需求,校外教育资源可以提供更加丰富和多元的教育内容。校外教育资源可以为学校德育工作提供更多的实践平台,使学生在实践中学习和成长。联合校外教育资源可以加强家庭、学校与社会之间的联系,形成教育合力,共同促进学生的全面发展[1]。另外,在网络信息时代,学生获取信息的渠道更加广泛,单一的校园德育活动难以满足学生对于多元信息的需求。在此背景下,有必要以助力学生健康成长为目的,探究如何整合校外教育资源,强化小学德育活动效果。

(一)新时代背景下整合校外资源优化小学德育工作的必要性

校外教育资源可以为学校德育实践提供丰富的内容,使学生在学习课本知识的同时,了解社会、文化、科技等多方面的知识,提高学生的综合素质。通过整合校外教育资源,有助于学生将道德观念内化为自身的行为准则,提升德育实践实效。另外,校外教育资源可以帮助学生更好地了解社会,增强学生的社会责任感和公民意识,培养具有社会责任感的社会主义建设者和接班人。有效联合校外教育资源可以拓展德育实践的渠道,使学生在课堂之外也能够接受教育,形成全方位、全过程的教育体系[2]。在推行实现学生全面发展的教育背景下，校外教育资源可以帮助学校实现学生的全面发展，使学生在知识、能力、素质等方面都得到提升，为学生的终身发展奠定坚实基础。总之，联合校外教育资源开展德育实践可以更好地实现学生的全面发展，培养具有社会责任感和创新精神的社会主义建设者和接班人。

（二）现阶段小学生健康成长与德育工作所面临的困境

随着社会经济的快速发展，社会价值观日益多元化，小学生接触信息的渠道更加广泛，这给传统的德育工作带来了挑战。如何在社会多元价值观中确立正确的道德观念，成为德育工作的一大难题，也成为实现学生健康成长的全新目标。在实现这一全新目标的路上，小学德育工作面临诸多挑战，具体如下：

一是现代社会中，许多家长忙于工作，缺乏足够的时间和精力关注孩子的道德教育，或者家长自身缺乏正确的教育理念和方式，导致家庭德育功能弱化[3]。

二是学校德育工作往往依赖于有限的师资和教学资源，难以满足学生个性化、多样化的德育需求。一些学校的德育活动内容更新不及时，与学生的生活实际脱节，难以引起学生的共鸣和兴趣。

三是传统的德育工作方法往往侧重于说教和灌输，缺乏互动和实践环节，不利于学生的主动参与和内化。

本文主要聚焦于资源利用问题展开讨论，该问题具体表现为校内资源利用不充分、校外资源整合不足、教育资源更新滞后。部分学校在德育资源的利用上存在浪费现象，如德育课程设置不合理、德育活动形式单一等。同时，一些学校在德育工作中过于依赖传统的教育资源，忽视了与现代信息技术的结合。小学德育工作往往局限于校园内部，较少涉及校外资源的整合。而实际上，社区、家庭、企业等校外资源对德育教育具有重要的补充作用。目前，校外资源的整合利用还不够充分，有待进一步加强。随着社会的发展，德育教育内容需要不断更新和完善。然而，部分学校的德育教育资源更新速度较慢，难以跟上时代发展的步伐，导致德育教育缺乏针对性和实效性。

(三) 充分整合校外资源优化德育教育的路径

在实践中,我们引导学生在校外实践活动中提升德育素质,培养社会责任感、团队合作精神、环保意识和奉献精神。同时,学校和家庭也要共同关注和支持学生的校外实践活动。

(一) 整合社会文化资源,延伸德育教育课堂

我们与博物馆、图书馆、文化馆等公共文化机构合作,利用这些场所作为德育教育的延伸课堂。博物馆收藏的历史文物、图书馆的古籍、文化馆的传统艺术作品等,都是对学生进行历史文化教育的宝贵资源[4]。通过这些资源,引导他们在现实生活中践行社会主义核心价值观,帮助学生了解到中华民族的悠久历史和灿烂文化,培养对传统文化的尊重和热爱;同时,帮助学生养成正直、勇敢、奉献、友爱等美德。

我们结合相关展览,在博物馆、图书馆和文化馆举办共同主题的展览活动。例如在博物馆展出历史文物,图书馆提供相关的书籍和资料,文化馆组织与展览相关的讲座和活动,通过多种形式展现文化和历史的价值,提升参与者的德育效果。举办主题讲座和研讨会,公共文化机构可以定期举办有关德育教育的主题讲座和研讨会,邀请专家学者、教育工作者和社会公众参与讨论。例如博物馆可以邀请历史学家讲解历史文物的背后故事,图书馆可以邀请作家分享相关的文学作品和思考,文化馆可以组织讨论现代社会价值观的研讨会,促进参与者对德育教育的理解和思考。举办德育主题活动,公共文化机构可以自行或与其他机构合作,举办德育主题的活动,吸引社会公众参与。比如我们学校曾在彩豆资源开发中,围绕主题"敬业——劳动最光荣"分年级举办了主题式德育活动,低年级以"观彩豆形"为主题,通过聆听彩豆的传说,初步了解彩豆有关种植的历史,感受彩豆的来之不易;中年级以"知彩豆神"为主题,通过深入了解彩豆的种类和特性,树立正确劳动的意识;高年级以"作彩豆画"为主题,通过调查彩豆之乡、制作彩豆之画、搜集彩豆之诗,充分感悟劳动创造的价值。

（二）用心搭建合作平台，共同开发德育课程

我们积极与社区、企业和其他教育机构建立合作关系，基于合作平台的搭建，共同开发德育课程和活动。这种合作模式能够在多个层面上促进学生的全面发展，同时也为教育改革和创新提供了有力的支持。社区、企业和其他教育机构拥有各自独特的资源和优势。社区具有丰富的人文资源和社会实践平台，企业则拥有先进的技术和丰富的实践经验，其他教育机构则拥有多样化的教育资源和专业人才。通过合作，整合这些资源，形成合力，为学生提供更加丰富多彩的德育课程与活动。而且，这种合作模式有助于实现教育与社会实践的结合，通过社区、企业等机构的参与，德育课程与活动可以更加贴近学生的生活实际，提高教育的针对性和实效性。学生可以在真实的社会环境中接受德育教育，从而提高他们的社会责任感和实践能力。

首先，建立沟通机制。定期举行座谈会或工作坊，让教育机构、社区和企业代表共同讨论德育课程和活动的开发计划，或者建立微信群、邮件列表或其他在线沟通平台，以便快速交流信息和分享经验[5]。其次，明确合作目标。共同制定德育教育的目标和标准，确保所有合作方在教育理念上的一致性。同时确定合作项目，如环保教育、公民道德教育、历史文化传承等，确保项目与学生的实际需求和社区的发展目标相符合。再次，共享资源。教育机构为我们提供师资力量、教育理论和课程设计经验；社区为我们提供场地、文化资源和志愿服务；企业为我们提供资金支持、技术指导和实习机会。最后，合作开发课程。结合教育机构的学科优势、社区的文化特色和企业的实践经验，共同开发德育课程。比如我们组织开展设计跨学科的项目式学习活动，旨在引导学生在解决实际问题中提升健康成长的内涵。一是与社区服务中心合作，利用社区中心的场地举办环保讲座和研讨会；二是与当地环保企业合作，邀请企业专家来校讲解环保技术和可持续发展的重要性；三是与企业合作，开展环保主题的项目式学习，通过设计校园节能方案引导学生在实践中学习节能知识和技能。结合农耕博物馆，我们开发"童眼看展馆"课程，开展"童眼看展馆——认识家乡的农耕工具""耳听八方音——了解家乡的农耕工具文化""未来大畅想——热爱家乡的未来农业"等系列活动。

（三）合理利用网络资源，助力德育教育多元发展

在信息化时代，互联网为德育教育提供丰富的资源。网络资源打破地域和时间的限制，使得优质的教育资源可以迅速传播到任何地方。网络上有大量的视频、文章、游戏等教育资源，这些资源以多种形式呈现德育教育内容，如故事、案例、游戏等，使得德育教育更加生动有趣。同时，网络平台根据学生的反馈和学习进度，调整教育内容和难度。结合教育实际，我们开展以下活动：一是开发或利用现有的网络德育课程，如道德教育、公民教育、心理健康等，让学生通过在线学习平台自主学习。同时利用各级平台，提供德育相关课程，让学生参与国际化的学习体验。二是创建学校的在线论坛或社交媒体群组，让学生就德育相关话题进行讨论，教师参与引导和反馈。同时利用百度贴吧、知乎等问答社区，让学生提出德育相关问题，邀请专家或教师进行解答，开展"网络公民行动"挑战，鼓励学生通过网络平台参与公益活动。三是利用微信、抖音等平台，分享德育教育视频，如道德故事、现实案例、专家讲座等，尤其是组织在线德育活动"道德日记挑战"，鼓励学生记录每天的道德感悟和实践。我们把现代工业园区、古镇风貌特色、新农村新貌、洋山深水港等资源制作成视频资料，并以"喜看家乡新风貌"为主题进行网络设计，通过"在倾听中成长""跟着家长去上班"等教育活动，引导学生深切感受自由与平等、公正与法治所带来的美好社会生活。

（四）积极开展校外实践活动，促进德育内化为行

组织学生参与社区服务、环保活动、志愿劳动等，让学生在实践中学习和体验社会主义核心价值观，将德育教育的内容内化为自身的行为习惯[6]。参与社区服务、环保活动、志愿劳动等实践活动可以使学生意识到自己的行为和决策对社会和环境的影响，并为此承担责任，培养社会责任感。另外，参与校外实践活动可以让学生接触到不同的社会群体和环境，了解不同的生活方式和价值观，这有助于学生开阔视野，增加对多元文化的认知和理解，他们还可以从中领悟到人与人之间的互助精神和共生关系。

首先，让学生走向社区。例如帮助老人、打扫卫生、维护公共设施等。此

外，组织学生参与社区文化活动，如演出、展览、讲座等，通过参与活动，培养学生的社会责任感和团队合作精神。其次，让学生参与活动。如植树造林、垃圾分类、节约用水等，让学生亲身体验到保护环境的重要性。最后，让学生参加志愿服务。为需要帮助的人提供帮助和支持，通过劳动培养学生的奉献精神和乐于助人的品质。比如我们曾经以"江南水乡农家新貌""悠悠岁月民风民俗""家国情怀游击故事""数字时代科技创新""文化繁荣美好生活"等五大主题，组织学生了解家乡沿革、民俗乡情、景观人文。通过游中学、学中悟、悟中思，增强学生对家国的认同、加深对文化的理解、树立对生活的自信。这是动态开放、生动多元、鸟语花香的生活环境，更是自主探究、融入呼吸、瞬间体悟的成长环境。

（四）结语

我们深知：整合校外教育资源，开展小学德育教育，对助力学生健康成长具有重要的意义。校外教育资源是培养学生健康成长的重要载体，我们应该充分利用这些资源，为学生的全面发展创造更好的条件。同时，家庭、学校、社区形成合力，共同关注和支持学生的校外教育活动，为学生的健康成长创造良好的环境。

参考文献：

［1］杨学芳.如何运用校外教育资源对学生进行思想品德教育［J］.现代职业教育，2018（21）：131.
［2］刘彩霞.校外教育资源的开发与利用——以延安的红色文化资源和黄土文化资源为例［J］.西部素质教育，2019，5（12）：243.
［3］王秀丽.构建区域协同育人合力机制的实践研究——以西宁市城东区为例［J］.青海教育，2022（5）：28-29.
［4］夏亮，杨树伟.数字技术赋能社区教育学习资源建设的路径研究——以辽宁省社区教育指导中心为例［J］.电大理工，2023（2）：58-61.
［5］吴杰.共生理论视角下社区教育资源整合的困境与突破［J］.教育与职业，2023，1040（16）：73-79.
［6］张嘉佳.利用校外德育资源，提高学生德育素养［J］.生活教育，2021（23）：54-55.

管理育人：教育资源课题化

提升议事效率　转变育人方式

中小学落实党组织领导的校长负责制，是加强党对教育工作全面领导及教育高质量发展的根本保证。完善学校党组织会议和校长办公会议议事决策制度，是有效推进党组织领导的校长负责制落实的重要举措。

一 问题分析

在实施党组织领导的校长负责制中，还存有"校长负责制就是由党组织书记领导的""学校重大事项决策还是由校长说了算"等理解。究其原因，是学习没到位、思想没跟进、习惯没纠正。

（一）议题聚焦不够

会议中的讨论由于缺乏明确的方向和目标，与会者容易在话题之间跳跃，不能形成有效的讨论和决策。一是目标不够明确。由于没有为会议设定清晰而具体的目标，从而导致讨论偏离主题而影响有效决策的形成。二是决策不够高效。由于对议事决策制度不熟悉，没有对决策事项进行充分的调查研究或是沟通商洽，容易以"哥儿俩好""一锅烩"等方式进行决策，影响了会议决策的效率。

（二）内容缺乏重点

会议讨论的议题缺乏明确的重点，出现会议结束了却还没有明确的结论或行动的计划。一是会议筹备不足。在筹备会议时由于没有对讨论的议题进行细化，会议决策的针对性不强。二是信息传递不畅。由于重要议题未能有效地传达给所有参会者，讨论就无法围绕核心问题展开。三是人员选择不当。参会人员数量过多或者与会议议题不相关的人员参与讨论会，致使会议决策效率低下。

（三）会后跟进乏力

会议结束后缺乏有效的跟进措施和反馈机制，使会议决策和行动计划未能落地。一是跟进机制不完善。虽然制订了跟进计划，但执行不力。二是反馈渠道不顺畅。与会者虽然对会议效果不满意，或者即使提供了反馈，但未能得到足够的重视或改进。三是执行力度不爽快。在实践中，对一些重大的决策事项没能细化到具体的负责人，没能做到全方位指导、全过程监督、全链条保障，这是效率不高的直接原因。

二、实施策略

达成共识、完善机制、优化流程，是提升校长办公会议与党组织会议决策效率的必要保障，真正体现"校长办公会议是学校行政管理的最高决策机构""党组织会议是学校政治生活的核心"的定位，畅通"校长办公会议是学校贯彻民主集中制、实现校长优化决策的重要途径""党组织会议是落实党的教育方针和决策部署的重要平台"。

（一）"一并"明确：提升会议效率的前提

学校党组织会议和校长办公会议，或因议题内容相同，或因参会人员重合，或因时间安排紧张，就可以通过简化或是合并的方式来提升会议决策的效率？其实，这两个会议的性质是截然不同的。

1. "一并"明确价值。明确中小学党组织会议与校长办公会议的价值，在于确保学校工作始终在党的领导下进行，保证决策的科学性和准确性。一是明确科学决策的价值。需要我们遵循"凡属重大问题都要按照集体领导、民主集中、个别酝酿、会议决定"的原则，并由学校党组织会议集体讨论做出决定[1]；需要我们规范决策的流程，明确"凡涉及学校重大问题和重要事项，采用校长办公会议研究提出—党组织会议讨论决定—校长办公会议具体落实"的工作流程及建立完善的"从重复议事到循环议事"的机制；需要我们明晰决策的依据，凸显决策依据可查询、决策过程可追溯、决策责任可追究。二是明确导航定向的价值。把牢政治方向、把准思想方向、把实行动方向，着力解决"谁领导""谁负责""谁执行""谁监督"的认识盲区和误区，体现党组织的引领价值。三是明确统筹规划的价值。善于谋全局、抓关键、聚核心，从学校整体利益与学生长远发展出发，通过规范制度、形成项目、列出问题清单、明确责任主体等方式推动关键问题的解决，发挥党组织会议集体决策的功能。

2."一并"明确逻辑。明确党组织会议与校长办公会议内在的逻辑关系，便于我们及时发现学校发展中的问题，采取有效的措施加以解决，为决策提供有力的支持。一是明确政治逻辑。党组织是学校政治生活的核心，肩负为学校工作把准政治方向之重任，而校长办公会议则在党组织的领导下，具体负责与组织实施。二是明确制度逻辑。完善的会议制度和议事规则既为推进学校工作提供了制度保障，也确保了会议决策的效率。三是明确业务逻辑。党组织通过党建工作引领学校业务发展，校长办公会议则通过具体工作推动党建成果的落地转化，共同目标是在落实落细议题中推动学校高质量发展。

3."一并"明确流程。明确流程旨在使学校工作有正确方向、使会议商讨有高效决策、使集体决策有执行力度。一是校长办公会议议事流程。议题由各条线各部门主管提出，校长确定是否提交校长办公会议商讨；会议由校长主持，会前确定参会人员（含列席人员）；会议实行一事一议制度，对议题充分讨论后，做出是否提交党组织会议决策的决定。二是党组织会议议事流程。议题由校长办公会议商洽并提出，党组织书记确定是否提交党组织会议决策；会议有相对固定人员（支部委员）及与议题有关的人员参加，由书记召集召开会议；会议应充分发扬民主，每位参会人员都应充分发表意见，明确表态，党组织书记最后发表意见，一事一议，逐项表决。

（二）"一点"犀通：提升会议效率的保证

不应忽视这样的"一点"，聚集每"一点"、落实每"一点"、监督每"一点",共营"相互补台,好戏连台;互相拆台,一起垮台"的氛围,透射党政领导的清醒度与自觉性,保证会议高效决策[2]。

1. 沟通顺畅"一点"。为确保党组织会议与校长办公会议的决策效率,需要主要领导与参会人员就学校发展中重大问题的议题进行充分交流与沟通,听取其他成员的意见和建议,达成"心往一处想"的最佳状态,发挥"领头雁"的作用,确保议题解决顺畅而有力。提前沟通,是为了避免将分歧明显或时机不成熟的议题强行上会,否则暴露的是主要领导对上会议题的必要性和可行性评估不够,也让"一言堂"有了生存空间。

2. 酝酿充分"一点"。要根据学校发展中的突出问题,征集议题,组织校长办公会议成员具体分析问题的缘由、列出解决问题的方案、拟定跟踪落实的措施,为提交党组织会议决策做好充分的准备。如果与会人员"一头雾水",一定会影响表态的准确性;如果分歧"难以消除",一定会有争得面红耳赤的尴尬;如果遭遇"突然袭击",一定会使参会人员措手不及……因此,个别酝酿、充分沟通是提高会议效率必要的前提。

3. 方案翔实"一点"。把议题提交校长办公会议时,需要我们制订解决议题所需的详细操作方案。制订方案前应对当前的环境、资源、条件等进行分析,了解存在的问题和面临的挑战;根据目标和现状,制定具体的策略和措施;为方案的实施设定明确的时间,包括开始时间、结束时间、关键节点等;明确操作方案的目标和预期成果;对方案可能面临的风险进行评估,并制定相应的应对措施。

(三)"一步"定胜:提升会议效率的关键

校长办公会议是党组织会议的"前移"与"后续",即提出拟由党组织会议决策的重要事项与重大问题,具体部署落实党组织会议的相关决议[3]。因此,这样的"一步",直接会影响决策的效率。

1. 聚焦议题跨前"一步"。怎样生成议题?生成怎样的议题?为什么要生成议题?这是提升校长办公会议效率的关键。一是议题生成。议题生成是会议决策的前置环节,在会前须向主要成员征集议题;各部门各条线将生成的议题梳理后提交校长审核(是否提交校长办公会议商议);校长办公会议集体商议后，将需要决策的议题提交党组织会议，确保需要决策的事项不遗漏。二是信息共享。提前把校长办公会议商议的议题及材料发给党组织会议的相关人员，在与会人员知晓的前提下，确保党组织会议决策的科学性、全局性与必要性。三是应急处突。个别事项由于事情急迫，可以先协商执行，避免因刻板执行制度而错失工作良机，择时进行会议说明与决策。

2. 讨论议题多走"一步"。校长办公会议讨论议题的效率如何？关键要看与会人员对该议题价值的认识，包括有无可行性、方案的翔实性、效能的积极性等。一是收集信息。在讨论前，与会人员应对议题进行充分的了解和研究，明确讨论的议题是什么，确保对议题有清晰的认识，所收集的信息和数据要具有代表性和针对性，以便为议题的讨论提供有力的论据。二是完善方案。针对议题，应向校长办公会议提交解决议题的方案，就方案的完整性、合理性、可操作性进行全面的思考，在讨论过程中要及时总结各方观点和论据，以便更好地寻求解决的策略。三是寻求共识。在讨论中，要按照既定的规则和目标，注意倾听他人的观点，尊重不同的意见，尽可能向着一个共同达成的目标进行。

3. 议题决策精细"一步"。学校党组织会议是决策机构，校长办公会议既是执行机构又是决策机构，高效科学决策是提升会议效率的关键所在。一要避免"定调"，为了避免参会人员看风使舵，主要领导要末位表态，严格落实"一题一议，逐项讨论"的原则。二要避免"模棱"，主要领导一定要明确表明个人态度，支持就是支持，反对就是反对，避免"按照上级要求办""我尊重大家的意见"等容易产生误导的表态。三要避免"带节奏"，不要让参会人员在表决的时候因为揣摩不透领导的心思而犹豫不决，因此，在正式表决前，正职的表态发言意见要明确，依据要确凿，理由要充分。

（三）实践思考

我们的党组织犹如掌舵者，校长就是划桨者。缺乏掌舵的正确引导，哪有前行的顺风顺水？缺乏划桨的奋力推动，哪有前行的无限动力？

（一）建立与完善机制，保驾科学决策

科学决策需要建设与完善学校党组织会议和校长办公会议的职责权限、议事规则。一是规范决策机制。通过制定《党组织会议议事规则》《校长办公会议议事规则》等文件，规范党组织会议和校长办公会议的议事决策范围、方式、程序、监督。二是明确决策标准。我们学会了通过调查研究，了解决策事项的相关情况，特别是议题上会的目的、背景、缘由、涉及的法律法规和规章制度、已经开展的工作情况和前置程序，以及可能存在的潜在风险。三是把好决策程序。组织会议和校长办公会议必须严格按照规范程序进行决策，由校长办公会议研究提出工作方案后，再把此项议题提交学校党组织会议讨论决策，在学校党组织会议讨论决策后，再由校长办公会议研究制定落实的具体举措（可以循环执行）。

（二）制定与明晰制度，护航民主治理

党组织会议和校长办公会议的有效决策，是学校民主治理的具体体现。一是民主决策。凡属学校发展中的重大问题、重大决策，主要领导之间、与会人员之间要充分沟通酝酿、达成共识，如有必要可以通过召开党务工作务虚会、座谈会等形式广泛征集意见，在集聚集体智慧的基础上提交党组织会议和校长办公会议做出科学决策。二是民主管理。学校要健全师生员工参与学校民主管理制度，包括民主生活制度、教职工代表大会制度、教职工评议制度等，为校长办公会议的商议、党组织会议的决策提供基础性保障。三是民主监督。畅通民主监督渠道，请教师、学生和家长监督学校重要事项的决策，推进学校治理的民主化、制度化、常态化。

（三）架构与运行组织，助力高效执行

落实党组织会议和校长办公会议的相关决策，是对执行力的充分考量。一是机构设置更优化。由学校班子成员主管相应条线，压实"最后一公里"，实现党组织领导"横向到边""纵向到底"。二是督促检查更强化。为严格落实党组织会议的相关决策，书记要经常督促检查执行的情况，给权力和作风戴上

"紧箍儿"，校长要经常督促检查校长办公会议决策的执行落实情况，给管理和服务装上"助推器"。三是协同合作更深化。党组织会议与校长办公会议的效率如何体现？党政领导班子成员间的协作尤为重要，只有相互理解、相互支持，才有"到位不越位、补台不拆台"的工作合力与执行效力。

参考文献：

[1] 李奕.中小学校党组织领导的校长负责制的理论思考与实践探索[J].中国教育学刊，2021（6）：20-25.
[2] 司晓宏.校长负责制的再思考——关于中小学校长负责制考查与批评的对话[J].教学与管理，1996（4）：3-6.
[3] 中办印发《意见（试行）》建立中小学校党组织领导的校长负责制[N].新华每日电讯，2022-01-27（001）.

文化育人：教育资源项目化

资源项目式推进在彩豆文化培育中的实践与思考

校园文化是一所学校的活力与灵魂，我们学校在新三年发展规划中确立了"培育彩豆文化"的办学目标，旨在通过加强校园文化建设，探索一种学校德育管理的新模式。

（一）彩豆文化培育的内涵

我们学校以"品牌立校、特色发展"为主要目标，成功开发了"彩豆画"校本课程。在此基础上，我们确立了"培育彩豆文化"的发展目标。在彩豆的世界中，积极寻找生命教育的结合点、民族精神培养的切入点，突出管理方式的精细化、教育内容的本土化、操作流程的课程化。通过"彩豆宝宝""彩豆制作""彩豆情怀"等一系列的教育过程，让师生感悟生命的多彩和珍贵、体验民族的骄傲和自豪感。

（二）彩豆文化培育的方式

校园文化是隐性的，它必须依赖于各种载体来得以体现，我们所培育的彩豆文化亦是如此。几年来，我们利用各种载体推进校园彩豆文化的建设和培育，形成了自己的办学特色。

(一）凸显学校精神，形成精神文化

学校精神是校园文化的最高体现和概括，是学校的校风、教风、学风的总和，是对一定时期内全校师生员工在建设和发展学校的过程中形成的群体意识和精神境界的总结、概括与升华，是学校在不同时期所追求的一种精神风貌，是学校办学理念、办学特色的集中反映。"坦诚正直"是我们育人的目标，"坦诚待人、正直处事、勇于创新、敢为人先"是我们学校的精神主旨。几年来，我们扎实开展了校园文化、班级文化、组室文化建设，努力培养"坦诚、正直"的学校人文精神。

(二）彰显彩豆个性，营造校园环境

1. 文化墙壁。"为中华之崛起而读书"文化墙，正是顺应了学校发展的要求和学生成长的特点。我们组织开展了"三个一"系列化活动：胸前一枚铭章、心中一个理想、追寻一位偶像。让每个学生都树立正确的学习态度，逐步营造良好的学风和班风。

2. 温馨教室。基于学校彩豆画的特色，学校的每个班级都以孩子们熟悉和喜欢的豆宝宝的名字命名，并制作了班级名牌悬挂在教室门上。教室的四周布置着孩子们制作的彩豆画，并配上了孩子自己设计的宣传标语，充分体现艺术化、本土化和儿童化。让每个孩子天天有快乐的心情、时时有奋斗的目标、处处有进步的喜悦。

3. 绿化校园。我们成功获得了"上海市花园单位"称号，这离不开全校师生的共同努力。我们组织学生参与绿化布局的设计，凸显以人为本的理念，还孩子一个属于自己的绿色空间。按照孩子们创意，我们开辟了彩豆种植园，用孩子自己的双手为校园增添绿色，让学生感悟生命的成长历程。

(三）聚焦课堂教学，渗透德育内涵

在争创学习型学校、争做学习型教师的氛围中，我们着力建设一支精神像彩豆一样饱满、身心像彩豆一样健康、个性像彩豆一样灿烂、收获像彩豆一样丰硕的教师队伍，课堂便是造就这支队伍的重要阵地。我们的教师把微笑带

进教室、把爱心带进课堂、把趣味带进教学。京剧脸谱系列、家乡古镇系列、十二生肖系列、十大名花系列、锦绣山水系列等，一张张京剧脸谱、一个个生肖动物、一幅幅小桥流水的古镇风土人情……民族文化的弘扬，生命价值的真谛，教师专业的成长，尽显在彩豆的世界里，渗透于课堂教学中。

三、彩豆文化培育的成效

"坦诚正直、学有所长、健康阳光"，这是我们的育人目标。我们着力通过"四个系列"，即课题研究——新课程理念下培育学校特色文化的实践研究，课堂改革——和谐课堂教学模式的初探，课程开发——以学校"彩豆文化"为活动主线的课程开发与研究，课外实践——构建学校与社区互动的教育模式，以学校精神为育人支柱，寻找生命教育与民族精神培育的结合点，构建彩豆文化的育德体系。

（一）品德培养

我们充分挖掘家乡的教育资源——家乡古镇的保护与建设，紧紧把握家乡的发展契机——海港空港的发展与建设，适时传承民族的文化——精彩纷呈的系列主题教育。通过这些精美的具有民族特色、时代特色的妙趣横生的彩豆画，不仅装点了校园，更使孩子们在感叹我国民族艺术的博大精深的同时，民族自豪感油然而生。

（二）智力发展

在课堂教学中，我们通过引导学生如何构图（点、线、面的有机结合）、如何选豆（形状、颜色、大小的协调组合）、如何摆放（平面、立体、层次的相得益彰），促使学生去探究、去思考、去创新。通过实践，升华学生的思想情感、培养学生的综合创意，提高教师的科研能力、丰富校本培训的内涵。

（三）身心健康

在引导学生认识各种各样的彩豆的过程中，了解它们的生长过程。从植物的播种、开花、结籽到采摘，感悟到生命是来之不易的，从而珍惜生命、热爱生命，提高生存技能。在这一过程中，激发了孩子的上进心，培养了孩子的意志力。知识的学习、技能的培养、文化的传承、精神的体验，促进了孩子健康成长。

（四）和谐关系

彩豆文化的培育，构建了和谐的人际关系，使得学校师生在愉快中教学，在愉快中学习。学校领导能做好表率，多关心中青年教师的成长，多深入群众，多求真务实，树立正确的政绩观，搞好干群关系；作为教师，能虚心求教，以身作则，能深入学生、关心学生。

（五）社会关注

彩豆文化的培育得到了各级领导、教师和家长的称赞。上海市教研室在我校召开了市级现场研讨会，在各级各类民俗活动中开展了专场展示。社会的广泛关注和支持，为这一彩豆画教育活动的实施提供了强有力的保障。

（六）品牌效应

彩豆画项目成功申请国家专利，该项目也连续两年成功申请为区学校教育特色项目，2006年获得了"上海市艺术教育百花奖"。通过这一项目的实施，使学生的生命教育得到了彰显、民族文化得到了传承与发扬、民族精神得到了培育与弘扬。

彩豆文化的培育是我们学校前进与发展的主题，通过丰富多彩的系列化活动，能规范学生的行为习惯、培养学生的意志品质、塑造学生健全的人格、促进教师的专业成长。

> 课程育人：教育资源课程化

运用生活资源开展道德与法治教学的实践思考

思政一体化设计需要我们挖掘并整合各类教育资源，尤其是贴近学生生活的教育资源。在道德与法治教学实践中，更需要我们思考怎样把学生鲜活的生活资源转化为重要的教学资源，以此来落实道德与法治的学科核心素养。

一、问题分析

小学道德与法治强调，要调动学生已有的经验，通过自身的观察和反思进行活动，在自主参与和体验中，培养本学科的核心素养，提升学生道德思想水平与法治生活能力。

（一）内涵理解不到位

有的老师对生活资源的理解有偏差，一味地把精力放在堆砌教学案例上，并未关注所取素材与教学内容的关系，也不去引导学生开展对所用资源的思考，因此脱离学生生活实际。比如《班级生活有规则》的教学设计，通过日常校园生活中的小游戏来引出"规则"的概念，但如果我们没有充分引导学生去讨论"什么样的规则是合理的"和"大家一起来制定班级规则"两个重要的环节，那只能是匆匆走完流程，学生没有足够的时间去自主思考，从而辩证地制定出适合本班的班级规则。

（二）资源利用不贴切

我们的课堂更应注重将生活资源和学科知识有机融合。有时，我们选取的教学资源比较简单，没有经过提炼，使教学成为一个只是简单复述的过程，更谈不上学生情感的升华。有时，教学资源没有考虑到学生现有的知识储备而显得脱节。我们虽然把生活资源带进了课堂，但也只为了情境设置而设置情境，教学效果不明显。

（三）方法运用不恰当

虽然，我们给学生讲述了许多生动有趣的生活案例，却并未组织学生开展实践体验活动。学生对所学知识的理解和感悟就停留在课堂学习中，无法用道德来约束自己的日常生活。比如一年级上册《快乐过新年》，老师为了让学生了解我国春节的传统习俗，设计了"剪窗花"的教学环节。需要我们思考，刚入一年级的小学生独立完成这一任务是有一定难度的，而且，这一习俗存在地域性，需要我们充分考虑学生生活的背景、生活的经验和认知的水平。

二、策略思考

其实，学生的生活资源类型多元、形式多样。在教学实践中，需要我们根据教学内容和学情，运用学生最真实的生活资源设计不同的教学活动，帮助他们解决最真实的生活难题，培养他们积极向上的生活态度。

（一）征集生活资源，理解生活意义

《道德与法治》二年级上册《我们的节假日》，以学生现实生活中的社会时间为线索，编排"假期有收获""周末巧安排""欢欢喜喜庆国庆""团团圆圆过中秋"等内容，旨在引导学生学会有意义地度过闲暇时光，理解节假日的文化意义。我们以《周末巧安排》一课为例，在课堂教学活动设计时，引用学生生活中的真实资源，把同学们在周末生活中所遇到的各种烦恼进行呈现，同时征集其他同学丰富多彩的周末生活，并将此贯穿课堂教学全过程。

【生活资源设计一】

时间：周日上午10时许

地点：A同学的房间

画面：A同学不愿起床，爸爸一直在叫他起床

讨论：你会支持A同学吗？

思考：早睡早起的习惯你养成了吗？你是怎样安排周末起床时间的？

根据道德与法治的教学内容与目标，我们要有意识地去征集学生的生活资源。在这一过程中，引导学生理解，我们为什么要学会有计划、有目标地安排自己的生活？同时，帮助学生理解时间的意义和生命的色彩。通过我们的课堂实践，引导学生树立规划时间的意识，使自己的生活变得更有条理。

【生活资源设计二】

时间：周六下午

地点：B同学的客厅

画面：奶奶要带B同学去上英语兴趣班，但B同学不愿去。

讨论：你的周末时间是怎样安排的？

思考：你有类似的情况吗？你是怎样处理的？

征集学生真实的生活资源，直面学生周末生活的真实问题，在我们的课堂教学中，串联起来、呈现出来、唤醒过来，引导学生反思自己的周末生活，在帮助学生想办法的同时，也明确在遇到问题时学会换位思考、积极沟通。在家长开放日活动上，家长深有感触：老师这样的教学设计，是对孩子自己已有周末生活的回望，也是为孩子周末生活的安排和问题处理提供有效的方法和清晰的指引。

（二）模拟生活情境，掌握生活技能

《道德与法治》二年级上册以"共有与共享，为公共生活奠基"为主题，编排了《我们的班级》和《我们在公共场所》两个单元。以《我们小点儿声》为例，可以设计不同的生活场景，让学生在这样的情境中学会如何控制说话的声音，这也是尊重他人的具体表现，更是培养社会公德的具体实践。

【生活资源设计三】

时间：学校上课时间

地点：教室

画面：做作业时，一男生使劲摇晃自己的椅子，发出刺耳的声音，并暗自高兴。

讨论：你能忍受这样的声音吗？为什么？

思考：你有这样的行为吗？通过模拟情境，引导学生学会主动劝一劝，在课堂上亲身做一做，学会轻轻移动桌椅，以免打扰他人，并交流自己的感受。

二年级学生习惯于以自我为中心，经常会忽略自身的行为给其他同学带来影响。通过模拟生活情境，培养学生公共意识和规则意识，这需要我们教师以学校、家庭和社区，甚至是国家和世界为区域来架构学习材料，引导学生走进广阔的生活世界，认识和理解公共生活，学会主动承担生活的责任，从小养成遵守公共规则的良好习惯。

【生活资源设计四】

时间：放学回家

地点：地铁上

画面：C同学拿着奶奶的手机刷抖音，声音开得很响，很投入的样子，而周围的人却投去了异样的目光

讨论：你有这样的行为或看到过这样的现象吗？

思考：地铁属于公共场合，为什么需要小点儿声？当影响到其他人时，你会怎样做？

模拟学生生活中的情境，旨在引导学生建立遵守规则的生活意识和社会公共意识，从小培养学生举止文明有礼的良好公共习惯。从课堂到公共场合的模拟情境设计，丰富学生的生活内涵，"以我为中心"拓展生活的区域，扩展生活的视野，从而养成良好的生活品行。

（三）聚焦生活案例，体验生活情感

合理运用生活资源设计教学活动，不仅能够拓展学生的知识阅历与生活经验，也能帮助学生深入理解课程内容知识。我们在二年级上册第三单元《我们

在公共场所》教学中，选取两个具有代表性的日常生活案例，以此引导学生反思自己的日常生活，从而养成良好的习惯，树立积极、向上、乐观的生活态度。

【生活资源设计五】

时间：课间

地点：厕所

画面：同学们在排队上厕所，有位面色难看的男同学想要插队先上，却引发同学们的争议。

讨论：你有这样的情况吗？

思考：如果遇到这样的紧急情况，究竟是坚持排队还是可以礼让为先？我们要养成排队上厕所的良好习惯，但更要有在规则中确立礼让的道德情怀，你会怎样做？

小学道德与法治的教学内容十分贴近学生的生活，尤其是关注到学生的常态生活，包括吃穿住行等日常活动，也涵盖家庭、学校、社区的日常活动，在《大家排好队》教学中把这些生活素材形成教学案例，是最鲜活的教学资源。

【生活资源设计六】

时间：午间

地点：学校图书馆

画面：同学们在图书馆看书，有两位女同学手里拿着书，大声聊天儿，有的同学做了提醒，有的同学表现出很反感。

讨论：这个场景你觉得熟悉吗？

思考：图书馆为什么要张贴"禁止大声喧哗"的提示语？哪些地方和我们的图书馆有着同样的要求？

我们在《我们小点儿声》教学设计中运用这样的生活案例，旨在让学生回到自己的生活情境中，通过对自己生活态度、生活习惯、生活方式的再认知与再实践，实现自身道德能力的再提升。

（三）实施成效

通过对生活资源的挖掘、积累、选择与运用，既丰富了课堂教学内容，也使课堂教学凸显以学生为中心的教学理念，同时激发学生对生活的热爱之情，促使他们主动认识世界与探索世界。

（一）基于内容选择资源

根据教材内容，我们树立了积累生活资源的意识。那么，如何在众多的生活资源中进行选择？我们在设计教学目标时要基于教材内容，做到自觉将教材内容与现实生活相融合，把现实生活与学生个体差异的特点相结合，制定出符合学生特点的教学设计。根据教材内容积极寻找与学生现实生活所存在的共同点，并选择合适的生活资源融入课堂，引导学生在实际生活中理解和运用所学知识。

（二）基于目标运用资源

运用生活资源开展教学实践活动，充分维持小学课堂的气氛，也帮助学生集中注意力，从而让学生对学习保持一个积极的学习态度，尤其是如何对待自己的生活有了坚定的信心和深厚的情感。在二年级上册《团团圆圆过中秋》教学中，我们将中秋佳节吃月饼的场景在课堂中还原。学生在课堂上再现和家人一起赏月吃月饼的场景，民俗传统、家国情怀、节日知识都得到综合体现。

（三）基于成效评价资源

在教学中，通过场景的创设和情感的共鸣，可以帮助学生从自己的角度思考问题，从他人的角度观察现象，帮助学生更快地了解社会，从小树立起责任感，并产生同理心，这是培养积极向上生活态度的主阵地。在二年级上册《我们不乱扔》教学时，为帮助学生在学习后学会爱护和保护环境，我们在课前创设一个"一团糟"的教室（让整个教室地面随处都可以看到垃圾）。当学生进入课堂之后，引导学生进行思考："同学们，请问你们愿意一直生活在这样的环境中吗？"学生对干净环境有了更为深刻的认知后，利用生活资源让学生对爱护环境产生情感共鸣——保护环境的重要性。在这一过程中培养和锻炼学生的评判和比较能力，凸显生活资源的教育功能。

（四）实践反思

利用生活资源开展道德与法治教学，创设更有趣、更情境化的课堂，让学生沉浸于课堂的学习之中，从各种生活资源中去感受现实生活所带来的丰富内涵。

（一）生活资源体现可学性

生活资源的可学性应体现在资源本身所寄寓的教育功能。在积累生活资源时，要考虑资源的内涵能否引发学生的共鸣与共情。《祖国的生日》是一篇对学生进行初步爱国主义教育的课文，有助于培养学生良好的社会适应能力，也包含法治教育、规则教育、传统文化等教育。教育的本质，就是将学生"摆渡"到社会生活中去。这样，我们积累的生活资源应发挥"摆渡"的作用。

（二）生活资源体现两难性

我们在教育方式、活动方式的选择上，要考虑如何为学生所喜欢、所接受，让他们在愉快的活动中去参与、去感悟、去体验。生活资源的两难性应体现出资源的实践功能，在两难的情境中培养学生思考与分析的能力，这也符合学生成长的需求和发展的规律。积累、开发、整合优秀的生活资源，旨在帮助学生在两难判断中树立向榜样学习、向优秀学习的意识，从而体现生活资源的教育价值，激发学生学习的兴趣。

（三）生活资源体现时代性

道德与法治课程的时代性主要体现在资源链接的时代性。全民抗疫的伟大胜利可作为五年级下册第三单元《百年追梦　振兴中华》的正面资料，引导学生感受祖国的强大，中国共产党的伟大。在《灿烂的中华文化》一课中，可以展示学生学习制作的蜡染、泥塑、书法等作品，甚至是新时代优秀人物的作品，学生在集思广益的过程中，能调动起探究的热情和表现的欲望，体现新时代学生的精神风貌。

中小学劳动教育基地课程化构建的实践研究

卢梭、杜威、墨子、陶行知等古今中外著名教育家，都肯定了学生劳动教育的必要性，对劳动教育的课程和实践内容提出了自己的见解。在教育方式先进性不断提高、教育战略不断完善的背景下，要继续加强对中小学劳动教育的意义和作用的认识，构建中小学劳动教育实践基地的课程体系，以推动中小学劳动教育课程创新改革，以全面促进中小学劳动教育的发展[1]。

（一）中小学劳动教育发展现状和问题分析

目前中小学劳动教育普遍存在的问题为：不同地方对劳动教育重要性认知偏差大；劳动教育课程体系不完善；学校、家庭和社会三方的协同作用发挥不是很明显。另外，学校对学生在参加劳动教育时的安全的顾虑，以及家长对学生可能遭受的伤害的非理性态度，也是劳动教育实施效果不好的重要影响因素[2]。

（一）学校劳动教育

学校的劳动教育课程通常是根据当地实际情况开发课程，以充分满足中小学生对素质教育的需求，包括开展劳动教育讲座、校外劳动体验、开展多种多样的校园义务劳动等。例如让学生参与校园环境清洁、校园植物栽培护理、食堂劳动等多种校园劳动，以及开辟校园花园、农场、种植园，组织学生直接参与农业劳动，等等。但是，普遍存在的问题是，劳动教育课程经常被占用，以及师资、场地、经费缺乏，劳动教育缺乏长期规划[3]。

（二）家庭劳动教育

父母是家庭劳动教育的主要策划者和实施者，他们的劳动知识和劳动实践直接影响着中小学生的劳动观念和劳动行为的形成。然而，令人担忧的是，许多父母在劳动教育认知上存在明显的偏差，缺乏正确的劳动观念，无法做到以身作则，为孩子当劳动模范，甚至经常流露出轻视劳动的思想和行为。体力劳动者经常被用作"负面教材"，以灌输诸如"如果学习不好，将来就只能扫街"之类的误解。他们也担心过多的劳动会使他们的孩子感到无聊和身体虚弱。以学业成绩作为评估孩子是否优秀的唯一标准，受过教育的人越来越多地脱离劳动实践，而在错误评估体系的指导下轻视劳动教育[4]。

二、中小学劳动教育基地课程的构建

劳动教育基地课程体系的构建内涵，以培养学生的劳动素养和综合实践能力为目标，一些实践基地已经对课程体系建设进行了很好的探索，可以为其他实践基地的课程建设提供有益的参考。

（一）实践型劳动课程

不同年龄段的学生身心发育有差别，接受劳动教育的目的也有差别。有一些地方或者学校自己虽然开设了劳动教育基地，但对整体劳动教育实践课程相关资源的开发和利用却不很理想。在现有的大多数劳动教育基地内，劳动教育课程仍处于简单的劳动体验阶段。

比如小学实践操作课程的教学目标为初步树立启蒙劳动意识，学习日常生活自理，感知劳动乐趣。一是在生活劳动方面，如帮厨课程（帮助准备做饭菜需要的食物、清洗餐具、采摘蔬果）、卫生课程（拖扫地板、擦洗桌椅等简单清洁卫生工作）；二是在创造劳动方面，如手工制作课程（包括陶艺制作、绘画、纸艺装饰作品、玩具拆解拼装、标本制作）、环境保护课程（识别垃圾类型和标识、做好垃圾分类）。

中学实践操作课程的教学目标为培养劳动技能，参加社会劳动，适当参加科技劳动，培养吃苦耐劳意识和社会责任感。一是在社会劳动方面，如社区服务课程（参与街道清洁卫生工作、交通秩序维护工作等基础性社会服务劳动）、公共事务课程（参与福利院、孤儿院、敬老院的志愿者服务工作，帮助孤寡老人、残疾人、弱势儿童）、职业体验课程（以快递员、售货员、交警、送货工等职业身份工作一段时间，体验不同职业的劳动特色）；二是在生产劳动方面，如农业种植课程（在农田或者果园等实践农业耕种）、工艺课程（学习竹编、木刻、酿酒、刺绣等各种工艺技术）、养殖课程（学会家禽的基本养殖技术，包括饲料配制、养殖环境控制和养殖管理）、市场交易课程（调查商品的市场价格，将自己收获、制作的商品定价售卖）；三是在科技劳动方面，如网络课程（网页制作、动画制作、图片制作）、技术课程（学习家具拼装、电灯安装、电路布置等技术）、科技模型制作课程（航天飞行器模型、潜水器模型等研究制作）、机器人研究制作课程（学习机器人的原理、技术，尝试制作。学会多种计算机语言，尝试自己编程制作小程序、App等）。

（二）通识型劳动课程

"劳动模范"也是一种劳动教育资源，学习"劳动模范"课程可以帮助学生牢固树立劳动光荣、劳动创造价值、劳动建设国家的信念。可以邀请当地"劳动模范"来进行教育讲座，鼓励学生与"劳动模范"的对话交流，大胆表达自己的感想。

（三）创新型劳动课程

对中学生而言，已经开始学习物理科学、化学科学、生物科学，因此，可以创造性地把劳动与科学相结合，开设劳动科技课程。开设劳动技能实验室，学生组成研究团体对劳动生产工具进行研究，了解其中的科学原理，鼓励学生进行创新，设计劳动生产工具，以增长科学知识，培养科学素养。结合学生生活实际和求知欲望，组织学生开展"酸奶酿造工艺的改进"，在生物、化学老师指导下，进行实验，用不同的发酵容器、各种菌种，调节不同的发酵温度，以及不同的材料配比，进行创新实验。

（三）结论与展望

劳动教育基地的课程，是整体提高中小学生素质水平、推动社会进步的综合性课程，加大投入、加快建设劳动教育基地及其课程规划设置是必然之势。注重学生发展的需求和劳动教育收益程度的同时，也要注重劳动教育教师队伍的建设发展，劳动教育教师能力不足、科学素养不高、没有吃苦耐劳的品质特性、职业倦怠等因素都是劳动教育发展的阻碍。

参考文献：

［1］陈理宣，刘炎欣.劳动教育与德智体美教育的基础关联和价值彰显［J］.中国教育学刊，2017（11）：65-68.
［2］赵荣辉.论劳动教育的实践取向［J］.教育学报，2017（1）：16-22.
［3］鲍忠良.青少年学生劳动教育现状的实证研究［J］.教育探索，2013（8）：91-93.
［4］常保晶.当前小学生劳动教育问题探析［D］.武汉：华中师范大学，2015.

活动育人：教育资源校本化

综合运用资源设计中小学德育校本活动的策略研究

一、现状分析

本研究对9所学校的教师、学生、家长三类对象开展问卷调查。调查内容围绕当前中小学开展的德育校本活动的主题、内容、形式，以及对这些活动的评价，包括知晓情况、满意程度、需求方向、目标期许等。通过对300余份问卷和近3000个数据的调查分析，得到以下五点结论：

第一，中小学德育校本活动在主题和内容上，责任教育和心理健康教育是学校和家庭都较为关注的方面。

第二，中小学德育校本活动在形式上，学生的爱好与学校实际开展的情况存在一定差距。学生喜欢的社会实践、社团活动等与学校的德育校本活动结合有待加强。

第三，学校、家庭在德育对学生品质提升作用方面高度一致，集中在道德品质、身心健康、责任担当三方面。

第四，学生、教师、家长对当前学校德育活动的总体情况较为满意。

第五，家长参与学校德育活动设计与评价的欲望较为强烈，但机会较少。

二、实施策略

通过收集优秀德育校本活动的设计案例，分析梳理、提炼经验，归纳中小学德育校本活动设计的策略。

（一）主题凸显，以主线贯穿德育校本活动

根据主题性原则的要求，中小学德育校本活动设计中要重视德育主题的序列化。无论是具体设计一个德育活动，还是设计中小学各阶段的德育系列活动，都要有主题线索加以整合贯穿。如果说一个个德育活动是一粒粒珍珠，那么德育序列化就是要用一根主线将其串联起来。

比如A小学在德育活动设计中，将小学阶段的德育活动概况提炼为若干个大的板块，内容涵盖个人行为规范、公民社会意识、国家民族精神等，然后在各个板块中又采用仪式教育、主题讲座、考察活动等多种形式开展，形成了一系列的德育活动。

又比如B小学设计了德育社会实践基地的主题系列活动。学校坚持教育与社会实践相结合的理念，以学校社会实践基地为活动平台，促使广大学生在活动中分享快乐，在体验中增长见识，在实践中锻炼能力，促进学生全面和谐地发展。

以上这些例子，都反映出德育校本活动已经越来越重视主题的程式化、序列化，在很大程度上需要学校从单一的活动设计向主题化系列化的活动设计进步。

（二）家校合作，适应不同主体的需求

德育校本活动在设计实施中离不开学生家长的参与和支持。随着社会经济文化的发展，价值观的多元化，在孩子的思想道德教育方面，呈现出家庭、学校、社会之间的多元化。学校作为德育活动的重要场所，需要倾听家长的声音，对家庭教育给予有效的指导。

比如C中学开展的"家风家教家训"，就是以培育和践行社会主义核心价

值观为主线，以"树立科学家教，涵育时代家风"为主题，对照古今不同时代的家风家训，征集学生家庭中优良的家风家训进行交流，以此来达到对家庭教育的指导作用。

又比如D小学在开展学校开放日活动中，邀请家长代表共同参与活动的设计，并担任活动中的工作人员等。

由此可见，家长作为重要的教育资源，在人力、智力、物质、组织等各个方面都会对学校德育活动给予支持。作为学校，应当关注到这方面主体的需求。

（三）形式多样，丰富学生的过程体验

德育活动既承担着很重要的育人功能，又需要以丰富多彩的形式呈现，以达到吸引学生、促进体验、提升德育实效的目的。在实施丰富性这一策略中，各个学校都能从学生实际出发，不断探索多种德育途径和形式。

比如在挖掘传统节日的德育功能，设计德育活动方面，E小学的"中秋话团圆"、重阳节主题活动等，都采用了动手做、展示交流等各种形式，达到了很好的效果。

综上所述，德育校本活动设计的策略，都是服务于总体原则的，同时，在各个学校的实际操作中，又有着各自独特的做法和经验。

三、研究成效

（一）促进了课题组成员对德育校本活动的认识

课题的开展与实施中融入了不间断的实践、反思、再实践、再反思。这是一个不断提升认知的过程，不断提升实践效果的过程。课题从横向上拓展了自己对德育校本活动的认识广度，了解到德育校本活动不仅要从内容入手，更要结合现状实际开展形式丰富的活动，以及与之对应的评价方案，形成一套"调研—课程—活动—评价—反思—活动"不断循环往复的螺旋式上升过程。同时，从纵向上加深了对德育校本活动本质的认识。明确其目的是为了促进学生全面发展，一定要结合现状开设有现实教育意义的内容，不可形式化。

（二）提升了学校德育校本活动设计的能力

1. 注重评价原则的科学性。整个调研过程让学校意识到，德育校本活动的实施必须以"鼓励原则"为主，着眼从活动过程中的诸多维度进行评价，如参与度、投入度等。

2. 注重评价方法的多样性。在德育校本课程的实施中，除了常规方法对学生进行评价外，更多地开始思考、融合多维评价方式。如巧妙设计争章活动，将其与校本课程有机结合。让孩子在课程活动化的过程中完成自我评价、互相评价等。展示活动也成为评价学生习得成果的一个重要平台。

（三）提高了学校德育校本活动的成效

通过问卷调查、个案分析、深度访谈、教学反思等方式，学校对德育校本课程给予了更高的关注、更深的认识。

1. 德育校本资源开发队伍科学化，提高活动成效。调研过程中，学校也不断反思自身德育校本活动实施主体构建的科学性，认识到提高德育校本资源开发队伍整体水平，培养专业化队伍，是提高学校德育校本活动成效的必经之路。鉴于此，诸多参与研究的学校着手调整、培养专业化的开发队伍。从学历与经验入手，从活动与理论两个维度展开，让德育校本活动开展既符合学生实际需求、理性特征，又具有理论高度与潜力空间。

2. 德育校本课程开发策略化，打造多元形式。学校突破了以往单纯的校园活动、主题班会课、队会活动等单一的形式，注重将社区概念引入其中，加大全员育人的力度。

3. 引导教师意识到学科教学不仅仅在于传授知识性内容，也应肩负起塑造学生健康心理、开展德育工作的使命。不少学校鼓励老师从学科中找到恰当的德育渗入点，以跨学科教学的形式系统开发德育校本课程活动，让德育实践在潜移默化中展开。同时，学校也可以获得德育校本课程活动开发的动态理念，认识到学生、老师在德育实践过程中也可以生成资源。利用这些生活中生成的生动鲜活的资源建设有效的教育，往往会收到很好的效果。

协同育人：教育资源多元化

培养勤俭意识需要协同育人的再发力

我们组织开展了以"传统家训勤俭为伴"为主题的劳动教育，旨在引导学生学习历史悠久、内容繁杂、形式多样、思想丰富、逻辑严谨的中国家训文化，并在劳动体验中树立勤俭之观念、养成勤俭之习惯、崇尚勤俭之美德。

（一）叩问：孩子成长需要勤俭为伴

在参加一个班级的劳动教育主题教育课时，孩子们的回答引起了大家的注意："现在哪还需要勤俭？""现在根本不需要我们亲自劳动！"……

（一）父母：代劳，把什么留给了孩子

通过调查与随访，我们发现：学校的大部分孩子是进城务工人员子女，家长们都"很忙"！于是，在情感上总觉得有愧于孩子，所以以各种方式满足孩子的"要求"，有81%的学生认为"不需要勤俭"。长期在这样的"优待"家庭环境中生活，怎么会想着如何去回报父母？其实，孩子的"勤俭"是最好的方式！

（二）孩子：勤俭，把什么留给了自己

生活中，经常有人把劳动简单地归为体力劳动，甚至有"冷嘲热讽"的现象。自己不劳动，也没看到父母的劳动，更没尊重别人的劳动，谈何"勤

俭"！将来步入社会，如何为人？如何处世？如何成才？

（三）学校：形式，把什么留给了初衷

勤俭，是一种美德，是一种习惯，是一种修养。有84%的学生对劳动光荣不光荣都觉得是无所谓的。学校的劳动教育，开设了哪些课程？组织了哪些活动？切入了哪些主题？是否还停留在"制作一张劳动教育手抄报"和"听一听劳动教育专题广播"上呢？

二、匡正：在劳动教育中品读家训

组织学生在劳动教育中品读中华家训，这是培养"勤俭"意识的起点，也是体验劳动的机会。

（一）在搜集中初探勤俭之内涵

在"搜一搜""理一理""晒一晒"的初探中，引导学生理解：家训，蕴含着丰富的内容，透射着勤俭的真谛。

1. 搜一搜经典的家训。在中学部，我们组织各班学生或以学习小组为单位，或以假日小队为单位，或以个人为单位，通过网络搜寻、阅读书籍、实践采访等形式，搜集以"勤俭"为主题的经典家训，并逐条整理出处、原句、含义、背景等。最后，通过学校宣传栏、电子屏、广播电台等方式进行宣传与学习。搜集勤俭主题的家训，其实就是对家训的一次初探，引导学生开启劳动教育的一门新课程。

2. 理一理家训的内涵。我们组织小学部四五年级的学生开展了"理一理"的活动。在梳理过程中，同学们发现，有关"勤俭"的家训，其实内涵很丰富，或是为了巩固自己的统治，或是告诫子孙持家的方略，或是维持正常生活的愿望。通过这一活动，让勤俭之意在学生心中萌生，让尊重劳动成果之理浸润于学生的日常行为，让劳动光荣之感鼓舞学生参加各类劳动体验。

3. 晒一晒家训的美文。小学部低年级学生与家长一起制作一个茶杯，把家训与家人照片融为一体；中年级学生和家长一起制作一把团扇，把整理出来

的家训写入扇面；中学部六七年级学生和家长一起绘制一张画报，把家训中的勤俭词句与创意画合二为一；中学部八九年级的学生自行设计一枚或一套融校园美景与勤俭之词于一体的书签。

（二）在品读中感悟勤俭之意蕴

读，铭记原名；读，品味意蕴；读，养成习惯。我们组织小学部低年级学生开展"我读家训一二三"活动，小学部高年级学生开展"诵读家训我来赛"活动，中学部学生开展"品读家训导我行"征文活动。

1.读出劳动光荣。生活中，我们的"再不好好学习，就让你去扫马路"传递着蔑视普通劳动及其劳动者的错误观念，于是"不让孩子承担任何劳动和责任"。叩问自己：我们做到了什么？做过之后有思考吗？只有组织学生日常浏览、仔细观赏、详细观察，引导学生开展品读、评论、操作，"劳动光荣"才不是一句空话。

2.读出勤俭有度。消费能拉动内需，过分抑制正常需求，反而不利于再生产的正常运转。但是，我们一味地"满足"或"激励"促不成孩子的"勤奋学习"，却养成了其挥霍浪费与懒惰成性。衣服不在贵贱、品牌不在奢华、好看不在攀比，以美观为原点、以舒适为切点、以健康为标点，节约但不吝啬、消费但不奢侈、勤劳但不流于形式！

3.读出环保先行。在品读中，我们的学生感受到：骄奢淫逸、铺张浪费必然不成，勤俭节约、勤勉简朴才能最终成就物质条件的富足。学生在征文中这样写道："上下学能不用私家车的，尽量改乘公共交通，这是自立能力的锻炼，也是环保意识的确立，更是勤俭节约的养成。"

（三）在践行中体悟勤俭之重要

阅览经典家训，一种关系跃然而来：勤与劳作的关系是什么？俭为谨身提出了哪些要求？

1.导行于环境之中。结合校园环境的要求，我们面向全体师生征集有关勤俭节约的标语或警句，并在楼道上悬挂，同时在饭桌上贴上了个性化的温馨小提示。在主题教育课"勤俭节约我能行"上，我们的老师运用动漫呈现内容的

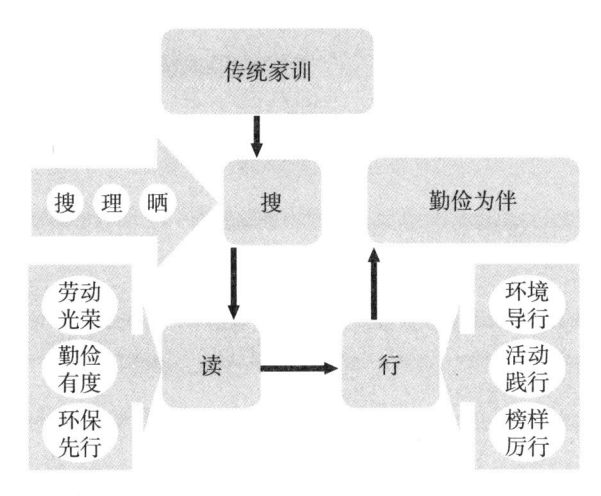

活动实施框架

精华、运用视频呈现新闻的震撼、运用故事演绎主题的亮点。

2.践行于活动之中。针对不同年段学生的学习情况，我们先后组织了"照镜子我成长"小学部争章活动、"露一手我学技"小学部拓展活动、"变一变我创新"中学部变废为宝设计活动、"光盘节粮见行动"日日评活动、"割稻拾穗采摘乐"基地一日体验活动……

3.厉行于榜样之中。我们通过家长讲堂、社团活动、社会实践等活动，引导学生树立学习的榜样，在榜样的激励中厉行。邀请劳模来校讲讲劳模的故事，让劳模精神诠释劳动的光荣；组织学生参观家长所在公司或基地的劳动与生产，让学生体验"父母劳动之艰辛"；组织学生到社区为老人送营养餐，引导学生有感而发，"他们曾经也是年轻的劳动者"！在生活中，我行你效的示范就是榜样、善始善终的一贯就是榜样、自我教育的激励就是榜样！

（三）倾听：家训在劳动教育中萌动

以家训为经纬，让传统的家训融入我们的劳动教育之中，我们把勤俭节约的品德培养与日常良好行为的习惯养成结合起来，端正生活的态度、丰富学识的涵养、提升道德的修养。

（一）角色的转换。应该说，通过这一主题的劳动教育，促使我们的学生角色进行了转换：由"吃瓜群众"为"处事主人"。我们组织开展的劳动教育，其根本目的在于帮助学生把握学习内容与自我发展的主动权。

（二）主体的转换。在这次主题式劳动教育中，我们创设了各种体验的平台，在体验中引导学生树立"劳动光荣"的理念，确立"勤俭节约"的意识。在"学"与"做"、"读"与"品"、"辨"与"行"的过程中，着力培育学生的意识与力行。

（三）目标的转换。通过参与这样的教育活动，改变家长的"目标"，帮助学生树立应有的目标，启发学生在"完事"中"成人"。引导学生通过自觉参与对客观世界的改造，让勤劳俭朴体现在奉献与索取、劳动与享受、精神与物质的碰撞之中。

参考文献

[1] 陶行知.陶行知自述[M].安徽：安徽文艺出版社，2013.
[2] 牛晓彦.钱氏家训新解[M].北京：北京理工大学出版社，2014.
[3] 卢正言.中国历代家训观止[M].上海：学林出版社，2014.

第三部分 随录

审视资源架构德育发展

随录，随手笔录，不拘抒情，不拘叙事，也不拘评论。

这是对教育感悟的记录，也是对教育理想的记录，更是对教育建议的记录。运用教育资源架构德育发展，意味着我们德育人，要学会系统地规划和利用各种教育元素来促进学生的全面健康成长。在规划中，我们是否能营造一个充满正能量的校园环境？我们是否有意识与社区合作，利用社区资源开展实践活动？我们是否能率先垂范做道德的榜样，通过我们自己的日常行为树立正面的价值观？

教育资源是学生获取知识、培养能力的重要途径。审视教育资源的价值需要从多个维度进行深入分析，诸如是否注重了资源的配置与优化，是否提高了资源的利用与整合，是否加强了资源的保护与创新，等等。教育资源的价值不仅体现在其能够直接提升学生的知识和技能水平，更在于它对学生的全面发展、教师的专业发展、学校文化的传承与创新都有直接的影响。

教育资源的效能发挥是确保教育质量、促进学生全面发展的关键。发挥教育资源的效能，需要我们优化资源配置、提升教师素质、创新教学方法、完善评价体系、强化家校合作、营造良好氛围。在实践中，我们应建立以学生发展为核心，涵盖知识、能力、素质等多方面的多元评价标准，综合施策、协同发力，以确保教育资源得到充分利用与发挥。

共享教育资源的创新需要从多个方面入手，包括数字化与信息化平台建设、开放教育资源、跨学科融合与项目式学习、个性化学习支持、社区与家庭教育资源的整合、国际合作与交流、持续评估与改进等。通过教育资源的创新，我们鼓励不同学科之间的交叉融合，开发综合性课程和项目，培养学生的综合素养和创新能力，同时培养团队合作和解决问题的能力。引导教师、学生、家长在共享教育资源的过程中进行创新实践，探索出更多符合实际需求的有效策略。

育人，需要我们审视各类教育资源来架构德育的发展。具体地说，需要从明确目标、构建体系、组织活动、整合资源、创新方法、加强师资和完善评价等多个方面综合施策。这不仅能够提升学生的道德认知和行为习惯，更能培养他们成为有责任感、有同情心的社会成员。

审视资源价值·助力教师发展

教师的教育角色

"校长，您在办公室吗？"听到声音，我已知道是一年级的一位新班主任，"如果方便，我想过来和您商量一下！"

"刚才放学时，几位家长又在大门口讨论了，对潘同学奶奶的行为很是不满！强烈要求辞退她！"还没坐下，小秦老师就说开了。

潘同学的奶奶在学校食堂工作，经常到孙子所在班级去，对那些"欺侮"她孙子的小朋友大吼大叫，导致班级学生只要看到潘奶奶进教室就吓坏了。所以，孩子的家人提出了强烈的要求。

听完小秦老师的陈述，我给了他一些建议：

在班级家委会小群中告知一下核实的情况，安抚好家长的情绪；联系潘同学的家长，告知他们奶奶这样的行为并不妥当，要通过合适的方式关心孙子在校的情况；联系这些家长，要通过合适的方式反映问题，或是与老师或学校领导沟通。同时，我将事情告知了校长，因为食堂是委托管理的，需要第一时间告知食堂管理负责人，对员工进行教育引导，不能有这样"特权"去关照自己的孩子！

家长需要放手！其实，我们有太多的家长为了孩子能有更好的未来，常常下不了狠心"放手"，事无巨细地包办孩子的一切。曾有听闻，我们的"神童"因生活不能自理而被大学劝退。母亲后悔自己当初不应该什么都不让他做，后悔没有放手让孩子独立。家长的放手，才有孩子真正的高飞，才能让孩子踏实地走该走的路。

老师需要放行！班上有个调皮捣蛋的严同学，班主任老师教育了好几次，但严同学都不听。最后在忍无可忍的情况下，老师罚他站了十来分钟。结果，严同学回家后"请求"了家长。于是，家长来学校找班主任，提出了各种个性化的要求！在学校的调解下，还原了事实真相，但这位班主任老师真的"学乖"了。当老师放弃了孩子，一时吃亏的是老师，一辈子吃亏的是孩子。而我们需要的是老师的"放行"。

孩子需要放飞！家长为了孩子所谓的"学历"确实可以理解，但学历与能力等同吗？读书或许是改变命运的唯一转机或捷径。一个在高考时交出零分考卷的学生，10年中打了无数份工作，在处处碰壁之后，他幡然醒悟：读书无用论都是骗人的！孩子，恰同学少年，不能在最能学习的时候选择安逸，不能在最能吃苦的时候倾负韶华，不能在最不能任性的时候放任自我。

家长的包办，给孩子带来了最大的伤害；老师的放任，给教育造成了最大的悲哀；学生的放纵，给自己挖好了坠入的深坑。

行走在余震中的德育人

——随上海市中小学德育骨干实训基地考察龙池小学

2009年11月,有幸跟随上海市中小学骨干教师德育实训基地主持人张校长,来到都江堰市龙池镇龙池小学,看望在此支教的基地学员杨老师。11月26日清晨,我们冒着余震的危险,到龙池小学开展慰问、考察、送教活动。

踩着泥泞的山路,足见德育人的韧劲。27日早上,我们一行乘着大巴翻山越岭赶往龙池小学。由于龙池镇曾是重灾区,正在大力修建灾后安置房,全镇就像一个大工地。再加上龙池的天气时常阴雨绵绵,那里的道路坑坑洼洼泥泞不堪,大巴根本无法驶入,只能在离校500米的山脚下停了下来。一下车,我们顿时傻了眼,这样泥泞的山路怎么前行?上山容易下山难,待会儿又该怎样下来?正在踌躇间,却见60多岁的张校长已将裤管高高挽起,脚上套上自制的鞋套(两个塑料袋),准备前进。见此情景,我们也抖擞精神穿上"鞋套",脚踩稀泥,一脚深、一脚浅地缓步前进。为了不让自己滑倒,有的学员顺手捡起路边的竹竿,像红军过沼泽地般艰难地走向龙池小学。因为有前行的目标,更是因为德育人的目标,在这么难走的路上,却依然走出了德育人的韧劲。

看着山里的娃娃,接受小龙人的约定。走进学校,大家顾不上擦去裤腿上的尘土,马上来到教室履行与龙池小学"小龙人"们的约定。来自基地的学员徐老师给五年级学生上了一堂品德与社会课。等候已久的山里娃娃们因为不熟悉徐老师,显得有点儿拘束。徐老师巧妙地展示出自己的课堂教学魅力,用"上海话"和"四川话"与"小龙人"交流起来。"侬好!""谢谢侬!""同学们好（hǎo）!"课堂气氛随着老师的有效调控变得越来越活跃，生动有趣的师生互动等形式也同样吸引了听课的老师们。两地各具特色的方言将徐老师和"小龙人"们的心紧紧联系在一起，也将每一位学员的心和全体龙池师生的心紧紧连在一起。这就是我们德育人的素养，无论在哪儿，都是我们的实践基地。

听着导师的教诲，感受一家人的情怀。为了将上海教育的先进理念带到都江堰，实现上海与都江堰两地教育的友情交流，我们的导师张校长特意开设了《好习惯成就美好未来》的德育专题讲座。张校长以扎实的德育研究理论功底，阐述了如何依法办学构建规范管理机制，强化创建示范群体，又运用丰富的德育案例，对学生如何养成良好的行为习惯深入浅出地予以讲解，得到大家的高度赞赏。都江堰教师进修学校李校长和龙池镇分管镇长分别表达了都江堰人民的心声，他们将把握好灾后重建的契机，努力学习上海的先进教育理念，大胆创新。张校长代表全体学员，把大家带来的各自学校的捐款亲手交到龙池小学王校长手中。我们用自己实实在在的行动诠释着张校长的话："我们是天下一家人!"

回程的车上，我们都累了。看着窗外的山，越过视线的树木，总有一种难以想象的伤感。此行，我们身为德育人，收获了什么？虽然，我们相处的时间是那样短暂；虽然，我们的脚底依然踩着从未踩过的泥泞；虽然……

这里，有一份快乐，那是在这里看到了久别重逢的老朋友。

这里，有一份满足，那是看到在地震中被摧毁的学校又重新屹立于山头。

这里，有一份感动，那是看到灾区孩子们乐观向上、不怕困难的笑容。

这里，有一份友情，那是上海和都江堰人民"一家亲"的情谊。

…………

车还在山路上颠簸，灾后余震还是不断，这就是我们德育人的路。怎样梳理这次的经历，将其作为学校活动的教育资料？这就是我们德育人所思考的问题。

换一个角度的精彩

昨天是2020年的最后一天！2020年，有着太多的不平常！会演的暖场视频，很扣主题，有一种回眸，有一份思考，更有一缕伤感！

按学校惯例，中层以上领导干部都要入座第一排，欣赏表演。这是一份精神大餐，学生处处精心准备，倾心倾力倾技！

按要求的时间，我并没有入席指定座位，而是站在了阶梯教室的最后面，顿时有一种"一览众山小"的感觉。其实，这里是演员的候场处，这里是志愿者的落脚点，这里是指导老师对演员的叮嘱点。

其间有老师不停地问："怎么站在这里啊？前面有座位啊！"

"找了你半天，原来你在这里啊，快去前面坐啊！"我们的主管语气急切地说道。

"换一个角度，会看到不同的精彩！"我摇了摇手，重复了好几次！

其实，并没有什么其他的想法：部门负责干部尽心尽责，全体演员倾心投入（这么冷的天却穿上了小短裙），指导老师暖心的叮咛，真让人感动！

站在会场的最后，站在最忙碌的人群中，站在2020年的年末，也在时不时地思考：我拿什么来汇报！

我需要做事，而非坐视。这是我来学校后对自己的定位。我发现自己比之前更加自觉了：虽然轮不到值日，但每天早上都是"值日时刻"；虽然不需要关心，但却关注到了每一个细节；虽然有部门的负责，却给班主任更多地支着儿。自觉，就是自觉接受任务，主动想好办法，不用别人说就能出色地完成任务。何尝不想一到下班时间就回去？其实，没有必要吝惜自己的私人时间，做事需要时间！做事不能坐视，这是工作的态度。事先思考，不把问题留给领导。即便有问题商洽，也应考虑好一二三之类的对策，供领导参考。

我需要元气，而非怨气。何谓元气？或许只是一个虚无缥缈的概念，或许是一种实实在在的存在。元气源自先天，是生命的根本，主宰着我们的生命与健康。为人处世，何尝不是如此？而怨气，是由一个人心中的一点一滴的不满慢慢积攒而来的。和有怨气的人在一起，会觉得周身不舒服。不难发现，这样的人无论何时何地，只要他随口说话，每一句必定都是怨言。我们需要活得阳光，更需要阳光地活着！不为别人，就为自己！清晨，一路埋怨拥挤的路况、难吃的早餐、奇葩的学生，这一天怎么会有好的心情投入工作？种下了埋怨的种子，美好的生活从何谈起？

我需要站位，而非占位。站位，就是大家所站的方位和角度。站位，需要我们有大局观，遵循"有为才有位、有位必有为"。在顺境中要有"百尺竿头，更进一步"的勇气，逆境中更要有"迎难而上、克难攻坚"的信心。准确"择位"而不盲目"占位"，及时"补位"而不动辄"缺位"，科学"定位"而不错误"越位"。为自己、为工作、为生活设定一个明确的目标；循着确立自己的方向，把要做的事做到极致；锚定需要深耕的一个领域，努力让自己成为行家。

找准一个方向，坚持一个目标，掌握一些方法，为更快更稳地转换赛道去积累经验，换一个角度，会有不同的精彩！

在多元对话中夯实育人的底气

铭记着领导的嘱托、承载着导师的期望、思考着自己的问题，搭乘着副校长培训这趟列车，来到跟岗基地，边实践、边思考。追寻着跟岗导师，学习"用第三只眼"找问题、看问题、想问题。

与问题对话，考量智慧。在学习中，唐校长要求我们学会与问题对话。问题：学校要培养怎样的人？怎样去培养人？其实，这两个问题也反映了校长的人才观、教育价值观和教育过程观。校长应该是教育实践家，其主要经验来源于实践，在实践层面除了会学习、会研究、会实践，更要有思考、有创新。"规划"必须先行，是学校发展的有力依据。接手学校时的设想，熟悉学校后的改进，发展学校中的提高，提升学校中的打造。可以看出，学校的发展规划是有梯度的，是有层级的。通过学校文化的塑造，解决学校发展的瓶颈问题，实现个人价值的最大化，从而达成学校与师生的可持续性发展。根据学生需求，构建特色课程体系。让课堂回归，促进教师专业发展。

与书本对话，打好底色。跟岗期间，和唐校长一起，每周进行一次头脑风暴：学习中发现什么问题、巡查中看到什么问题、交谈中听到什么问题，如何对问题进行归因，如何对问题进行施策，如何对问题进行预判。学会阅读！要成为有思想的人，需要阅读！这需要我们养成"与书本对话"的良好习惯，不计其小于一点一滴之中，锲而不舍于一时一刻之中。在阅读中投身学校管理，在把握规律中启迪自己，为自己的管理实践打底。

注重系统自觉，需要阅读。开展由浅入深的经常性、系统化学习，与书本对话，让学习成为习惯，促进其在精神境界、教育教学、办学管理等方面的持续提高，以涵养正气，勇于担当；注重战略思考，需要在工作中除了要有能力、有水平、有办法以外，更要注重学校发展的战略规划，通过学习思考、调查研究、集体智慧，追求战略领导和思想引领，以夯实底气，敢于担当；注重境界追求，需要阅读，以"吾日三省"为追求，会实践、会研究、会反思，努力引入"境界追求"的工作状态，有激情、有韧劲。

"与书本对话"，使我们在精神境界、教育教学、办学管理等方面，均获得了一定程度的提高。更为重要的是，"与书本对话"带给自己的成长、快乐、幸福和满足。

与专家对话，引领思想。跟岗导师唐校长每周都精心为我们安排专题讲座，并以头脑风暴的形式进行分享与交流。我们十分珍惜这样的学习机会，因为这样的规格是可遇不可求的。与导师面对面、零距离的对话，自始至终激励我们保持积极向上的良好状态，在学习中感悟，在感悟中反思，在反思中启迪。这里，有导师站在理论研究的高度结合实践操作的经验；这里，有导师以先进理念示范引领的典型案例启迪；这里，有学校管理的共性问题与突破瓶颈的矛盾之激。

如何"自我定位"？遵循导师要求，思考岗位内涵，设计工作任务，确保自己在每个轮岗岗位上都有鲜明的主题引领和明确的任务要求。如何"以点带面"？立足实际，从校长专业能力中最本质的能力和关键点入手，由点到面，逐步深化、逐步拓展。如何"学以致用"？注重理论与实践的结合，在学习思考、调查研究的基础上，撰写学用结合案例或论文，加速提升实际管理能力，促进专业发展。

我们更须思考的是：让课程展现育人的价值，让学生全面又个性地发展，让教师收获专业的成长。这就是校长"用心做教育"的行动践言，我们需要思考与践行！

在开放空间学习中关注育人的生成
——有感于培训课程"小学课程育人的设计策略"

在经历课程的初审、复审、试讲等环节之后,个人所申报的区"十四五"教师继续教育培训课程"小学课程育人的设计策略"顺利入库。这也是自己对课程育人的重新认识与实践,为更好地开展课程育人积累个案。

冉冉晨雾重,晖晖冬日微。11月30日和12月7日,冬日暖阳的午后,来自16所不同学校的30名学员齐聚上课点,开展以"小学课程育人的设计策略"为主题的组团研学之旅。

一是温暖启航。听参训老师介绍,为抢到这门课程,大家也做了充分的准备。当然,我为这门课程的开设,也是精心准备。为使培训更加扎实有效,我在前期对每位老师的相关教学信息进行了搜集整理,在此基础上合理组团,形成跨年级、跨学科、跨学校的研学小组。以素养导向为核心,结合学员实际,形成本期培训班的研学目标:对标新课标中学科素养与必备品格,梳理存在的问题;反思自己的教学设计与课堂实践,提升课程育人的意识,把握课程育人的方法,历练课程育人的能力;认同课程育人的增值点,强化学科核心素养与必备品格在课程中的落实。

二是课程导航。课程目标是否符合大家的需求?课程内容是否贴近大家的实际?这些都需要我在这次的课程实施中边检验边思考。

基于新课标——反思自己的教学。新课标的要求已在我们的课堂中实践,反思我们的课堂,对标新课标还有多少距离?为了让学员们积极探寻学科素养导向下的育人策略，首先从学员熟悉的教学实践出发，观看有关制作活动日历的两个课堂小片段，与学员一同学习数学学科的核心素养，以此激发学员思考：课标中的核心素养有哪些？落实的方式有哪些？在学员分组交流中，巧妙地让学员逐步体会到落实核心素养的多元路径。趁热打铁，又带大家学习《中小学德育工作指南》和《道德与法治》核心素养。进一步明确落实新课标，需要教师超越"教书"而走向"育人"。

看！先以小组形式交流自己选取的教学片段作为热身，我也随机抛出问题：教学内容怎样整合？运用怎样的教学方式？课堂反馈如何体现？老师们通过头脑风暴寻找问题的根源，从不同层面分析成因。这样将案例中的闪光点放入自己的学习智库，同时也能找出不足之处并提出改进的策略。

聚焦问题——探寻育人的策略。学习的形式比较新颖，学习氛围也显得宽松而自然，因为大家有话可说、有理可循、有伴可行。理论从实践中来，又到实践中去。为了能让理论更好地结合实践，我也提出对应问题：教学中的困惑有哪些？什么原因导致？怎么解决？专为老师们设计了观察量表，带着问题、带着思考、带着研讨，大家一起学习探究。小组讨论后的大卡纸，更是凝聚起小组成员的智慧。在学员们热烈的讨论之后，小组每次都须选派不同的老师代表小组进行陈述，与大家一起分享研讨的成果。

精心设计——分享课堂的精彩。同样的问题，不同学科的老师、不同年龄的老师都有着独到的思考。在开放空间环节中，在我列出关键词后，每个小组结合自己的教学实践，分别给出不同的意见或是建议，围绕课程研修目标，大家对课程育人的策略也有新的认识。

从回归理论的深度剖析，再折射到教学实践中的问题中去。在观看三个有关"认识人民币"的教学片段之后，我的问题是，教学中需要落实哪些核心素养？你认同哪种教学方式？你会如何改进？各小组交流的课程育人方法更多元、更开放、更适用。结合课程培训的作业要求，每位学员都准备一个教学实录片段，充分反映自己在课程育人方面的成功做法，同时，每位学员也准备一份单元教学设计，在小组内自我介绍与分析之后，也得到同伴中肯的建议。在开放的学习之后，又形成作业闭环，整个培训都在关注现场的生成，在生成中学会思考和分析，真可谓"精耕细作提实效"。

三是研学远航。以这样的方式培训，改变了传统培训的模式，参训老师有更多的时间参与讨论和分享。

小赵老师这样认为：培训结束了，但我的思绪一直没有停下来。本课程的学习，不仅仅是学习形式的改变，更是育人方式的改变。我们的育人目标如何通过课堂主阵地来实现？如何扎实落实学科核心素养？这是需要我们深入思考的。我们要怎么做？我们能够怎么做？我们可以做到什么？本课程给了我们很好的启示！

小张老师反馈说：通过与团队成员的交流和合作，我们学会了倾听和尊重他人的观点，也学会了如何协调团队的各种资源。通过本课程的学习，我们也深刻地认识到"育人"的重要性，要想方设法将"育人"这一观念融入课程中、课堂中，让学生在学习学科知识的同时，核心素养得到提升。

小施老师在群内表示：康老师的"小学课程育人的设计策略"课程，虽然只有短短的两次，但通过学习，我们小组的每个成员收获都颇丰。通过培训，既拓宽我们的知识面，又活跃我们的思维，也让我们确立危机意识、生成意识、问题意识。在课程育人中，竭力使自己在生成知识储备中永远保持鲜活。

小沈老师深夜回复说：康老师从教学中的"小切口"入手，从教育教学理论的学习作为出发点，到甄别、学习优质课，再到自己进行教学设计优化、撰写，由理论向实践延展，从小组合作到个人参与，分层培训，形式多样，让每个学员都能在培训中找到自己的位置，学习的空间更加开放，学习的方式更加吸引人，学习的问题更加聚焦。

是的，三尺讲台前的激情澎湃，夜深人静后的深度研究，都是成长的必经之路。前进路上，你我相伴，追逐光、靠近光、成为光，是本次活动的最大感想与期盼。在深度协作整合中，形成研学合力，可谓收获满满。

发挥资源效能·助力学生发展

一个陌生的电话

一 事件

那天,正是一个舒适而又惬意的星期天。

刚刚接受完"市行为规范示范校"的检查评估,我的心情也一如刚放晴的天空,灿烂而又轻松。阳光透过窗玻璃,温暖而又舒适。然而,一阵清脆的手机铃声,打断了这安静的时光。我想:校长又有什么新任务了?或是哪位家长又要"告状",有什么新情况了?手机显示的是个陌生号码。

接过电话,果然是一名学生的家长。小孩是去年从四川老家随父母工作的变动而转到我校的,在办理借读手续的过程中,我与这位家长已接触过。在那几次的交谈中,她表现出更多的是作为一位母亲的担忧:孩子不能适应新的环境、不能和同学相处、学习跟不上……那这回又有什么担忧呢?!

原来她女儿的左眼视力仅0.2,而右眼的视力为1.5。医生诊断:必须马上治疗,否则后果不堪设想。诊断的方案是:将孩子的右眼用眼罩罩住,以此刺激视力下降的左眼,直到恢复。否则会造成左眼肌肉萎缩,导致失明。而就在昨天晚上,她与班主任联系过,却不知什么原因无法联系上,于是,她想到了我,用她的话说:"其实,找你更合适!"我深谢她对我的信任!她的要求是,让我向她女儿的班主任说明情况,并希望老师和同学不要嘲笑她女儿。我一边安慰她,一边答应了她这个心切的要求。

(二) 透视

当我听完电话那头一个母亲急切的诉说,我不再觉得她的电话打扰到了我,反而觉得这是对我的信任。孩子戴上眼罩后发现自己很难看,像电影里的"独眼龙"。母亲怕同学们会嘲笑孩子,她可是个自尊心很强的孩子,借看不清东西或不舒服的理由拒绝戴上那个白色的眼罩。母亲希望我以一个老师的身份开导她,并引导好班主任老师处理好孩子所在集体的环境。

母亲的急切要求,不仅令我为孩子的眼睛深感惋惜,更被一个母亲的良苦用心所感动,因为我觉得这是我作为一名德育工作者的义务和责任……

(三) 处理

随即,我拨通了家长留给我的电话,电话那端传来了孩子的声音,我分明感受到她的声音低沉、情绪低落。但听出我是学校的康老师时,我感觉到了她的惊喜。

我把她母亲的心情向她解释:"你知道母亲的心有多么悲痛,作为女儿,你无法想象母亲的心比你还要痛,而她,唯一能做的就是配合医生帮助你治疗。要知道,你是她最疼的女儿。你一定要体谅母亲的心,她所做的一切都是为了你!你能懂这句话吗?"

"嗯!我知道!"听筒那边传来低低的回答,我们的谈话有一个短暂的沉默。我想,孩子除了读懂母亲的心,还要正确面对自己。听她母亲说,戴上眼罩的她,心情极坏,连母亲邀她到室外散步她都不愿意,生怕被别人看到笑话她。母亲想到上学后可能会遭到同学的说三道四,所以请求我跟她班主任讲讲这情况,并转达她的意思。

于是,我话锋一转:"每个人一生中都可能遭遇这样那样的考验,只不过,你的考验来得早,来得很突然,你一下子无法面对。这是在所难免的。但既然考验已经来临,你必须去面对。不但要面对自己,还要面对别人异样的目光。一开始,别人可能不习惯你戴着眼罩,但渐渐地会习惯的。别太在意别人怎样看你，重要的是治疗你的眼睛，对吗？"

"对！"听着孩子稍稍坚定的回答，我的心里似乎有了一丝成就感。我忽然想起四年级的课文《海伦·凯勒》：不幸的小海伦在一岁半的时候，由于一场重病，双目失明，双耳失聪。

"你还记得海伦·凯勒吗？她受的打击重吗？"当我把这一故事重新提起的时候，孩子的心情渐渐平稳了："是啊，我比她好很多。"

"你还记得小海伦是怎样生活的吗？"我从课文中的故事讲起，"你应该庆幸你比海伦·凯勒幸运多了，你更应该庆幸有这样的母亲，还有所有爱着你的家人和老师同学，大家都不会取笑你的！相信康老师，行吗？因为，我对你有信心！"

…………

在随后的日子里，我时常与班主任交流她的表现，有时直接与她聊聊：怎么样，这些天舒服些了吗？医生检查时说什么了吗？同学们有没有说你？……有时发现她的眼罩被揭下来了，我及时上前轻声地询问，直到她又重新戴好。

就在三个星期后的一次升旗仪式上，正好轮到我主持国旗下的讲话。我向全体同学讲述一个《拇指姑娘》的故事：小姑娘长到18岁了，还是三年级学生那么高，无论在什么场合，都有极高的"回头率"。父亲为让她尽早地适应社会生存环境，从小开始经常把她放在人多的场合，并让她一个人独自回家。"爸爸真的很残忍！"这是小姑娘从小对父亲的评价。"现在，我非常感激父亲，因为，现在我真正理解了爸爸对我的残忍！"……

"怎么不戴了？"第二学期的开学第一天，我欣喜地发现，她居然不戴眼罩了，我倒觉得有些异样。

"是的，医生同意不戴眼罩了，只要平时多注意用眼卫生，患病的左眼就会恢复到正常视力。"看着她那张洋溢着幸福笑容的脸，我也被感染了。

下午放学时，孩子的母亲带着孩子来到了我办公室，我看到了两张笑容满面的脸……

（四）后记

关注好不同层面的学生，引导好班主任有效地开展好班务管理工作，及时把握和了解学生家长所关心的问题,这是作为一名德育工作者的责任和义务。

随着外来务工人员子女就读数量的不断增加,如何加强和关注这一群体的教育,是我们教育工作者应该思考和研究的课题。"两纲"教育的内涵如何实践与丰富,其实就在日常工作的时时处处。温馨教室的建设,在此显现它特有的功效。"让孩子在逆境中成长",这就是教育的实例,引导他们正确面对挫折,顺利适应逆境,切实认识生命的价值与珍贵。因为,加强生命教育的目的就是引导学生认识生命、关爱生命,从而体现生命的价值。作为一名德育工作者,应引导学生贴近生活、体验生活,从小处着手,进行生命与成长的教育,这样才能培养学生尊重生命、爱惜生命的态度,让生命教育真正回归教育的本质。

如今,孩子已经小学毕业回四川了,我多想知道她的眼睛现在是否真正恢复?多想对她说:"孩子,勇敢地面对生活的考验,你会变得更坚强!"

那是红旗的一角

经历了上周零下9摄氏度的寒冷,面对今晨的零下3摄氏度,似乎不足为奇了。"加油!坚持到最后就是胜利!"站在校门口值日,心中默默地祈祷着,"离1月23日正式放假就这么几天啦!"

有阳光真好!周工作安排表上,今天早晨是本学期最后一次升旗仪式(在阶梯教室举行),主要内容是二年级入队仪式!

也没接到任何通知,于是在办公室做些一天的准备工作。但学生处干事急促的叫喊,似乎令我有些尴尬,还振振有词地说:"已经通知过了!""咳!鬼知道!"

走进会场,场面很是亲切!队歌的旋律、咚咚的队鼓、亮丽的红色,都是那样熟悉!

1992年起担任学校少先队大队辅导员,一干就是十多年。连续多届荣获区的"金色鼓号"大比武一等奖,学校少先队成功创建上海市雏鹰大队、全国雏鹰大队!对一所农村学校来说,并不容易!

曾记得1997年5月19日,时任上海市总辅导员的沈功玲老师,亲自率队来校检查验收少先队创评工作。从区少工委到镇教委,全程参与。我们代表的是整个区,过了,全过!不过,明年重来!依然记得沈老师风尘仆仆的样子,依然记得沈老师所关注的每一个细节,依然记得沈老师离校时脸上满载而归的笑容!

工作第二年,就接任学校少先队大队辅导员。或许自己也不过是个孩子,怎样去辅导我们的孩子？辅导我们的老师？学校领导的理由很直接：工作第一年，在一所村校辅导的三个节目包揽了中心校会演的一、二、三等奖，因此，相信自己非常重要。

一走上岗位，我就以满腔的热情和自信投入到了少先队工作之中：工作千头万绪，还要带六年级毕业班的英语和数学教学工作，毫无经验的我经常忙得像热锅上的蚂蚁团团转！红领巾广播、鼓号队训练、争章活动、十分钟队会、班队会评比、雏鹰假日小队，忙到累倒，但一听到咚咚的队鼓，便又似打了鸡血一般！

1998年，因少先队工作的出色表现，我破格晋升为小学高级（中教一级），2007年，成功晋升为中学高级。曾两次荣获区"十佳"德育工作者称号，学校也成功创建上海市行为规范示范校。

曾教过的学生也走上了讲台，在他们的记忆中，"康老师，您实实在在做了少先队事业，我们铭记于心，走上讲台后，我们常以您为榜样！"

爱。学会有爱，洒向每一个孩子；学会用爱，包容我的孩子们；学会关爱，赢得孩子们的信赖。

导。引导队员明辨是非与自理自立，引导班主任提升班务管理的技能与艺术。

通。与队辅导员们要有沟通，与队员们要有沟通，倾听心声，把握动态，获得信赖。

全。要在细致调查的基础上全面了解每个孩子的学习、生活和身体状况，全力激发队员创新意识。

志在，因为愿在，在奉献中点燃知识的火把！

爱在，因为心在，在希望中开启心灵的小窗！

让主题更贴近生活
——一节主题教育课的设计与反思

重温北京申奥成功时的喜悦、目睹中国体育健儿屡获奥运金牌,民族自豪感油然而生;今昔体育成果的对比,让学生更加深入地了解中国体育事业的艰辛历程,成就中国体育梦想的光荣感跃上心头;倡导全民健身、提升生命质量的健康理念融入学生生活。

细化目标,小步达成。达成预设的教育目标,需要我们把目标细化,让学生触手可及,或是跳跃可攀。我国体育事业从"无奈"到"崛起"的历程很艰辛,正确理解"百年光荣与梦想"是难点,需要我们细化目标。

一是知识目标。在搜集奥运相关内容的过程中,让学生初步了解中国体育发展从"东亚病夫"到"体育大国"的艰辛历程。这是本课教学的重点,因为学生对这方面的了解不是很多,这部分知识的引入对学生来说比较陌生,也难以理解。因此,在学习过程中,通过对比的方法,让学生真正理解"我们不是东亚病夫"!

二是能力目标。学生在交流课前搜集奥运冠军小故事的过程中,让学生理解并领会北京举办2008年奥运会是中华民族的光荣,领会百年梦想的实现是中华民族长期奋斗的结果,同时有意识地培养学生的交流能力和信息搜集及整理能力。因为,成功背后的小故事更能激起学生在学习上和生活上的自信心。

三是情感态度目标。在学生现有的认识水平中,他们可能没有认识到"主办一届奥运会其实就是一个国家综合实力的集中体现"。所以,在学生探究学习的过程中,让学生真正感受到中国体育事业的发展离不开综合国力的增强,进而增强学生的国家意识,激发学生的民族自豪感和自信心。

紧扣主题,递进设计。本节主题教育课主要围绕着"如何实现三个梦想"而展开学习和讨论,让学生体验和感悟到"发自内心的光荣感"。

一是重温北京奥运,彰显自豪与骄傲。在师生交流中引出"2008年北京第29届奥运会":观看比赛了吗?令你最难忘的是什么?通过观看"2008年北京奥运会开幕式"片段,激起学生学习的兴趣,在交流课前搜集的"社会各界对北京奥运会的评价"之后,揭示课题,并在课题"光荣与梦想"中引出问题"有什么样的梦想"和"为什么感到光荣",让学生带着问题去思考和学习。

二是回顾奥运历程,理解无奈与崛起。通过故事"第一个参加世界大赛的中国人",引出我们几代中国人的梦想,理解"中国体育的无奈"。根据学生的回答,可以整理出本课所要引入的三个梦想:获得奥运金牌、主办奥运盛会和成为体育强国。

然后,通过两个方面进行教学活动:

第一,通过"1932年洛杉矶第10届奥运会至2008年北京第29届奥运会中国取得金牌数的变化",让学生感悟我国体育事业的不断发展和取得的成绩,从而理解我们是如何实现第一个梦想的。

第二,通过观看"北京申奥成功"的片段,让学生讨论"为什么全体中国人都感到如此激动",引出祖国在前进和发展,有能力主办奥运盛会,从而实现第二个梦想。

三是走近奥运冠军,感受光荣与强大。这一环节主要采用对比的方法,从"东亚病夫"到奥运冠军的变化,经过几代人的努力,实现了第三个梦想——成为体育强国。在这一环节中,通过让学生课外搜集冠军的小故事并做交流,让学生寻找自己应该向冠军学习的内容——刻苦训练、为国争光等等。

四是联系生活实际,深化主题与习惯。这一环节主要起承上启下的作用,总结本课内容,点出课后生活中的学习内容,让学生联系自己的学习和生活,积极参与锻炼,炼就强壮的体魄,养成良好的锻炼习惯,并通过"我的健身卡",引导学生懂得健康生命的重要意义!

聚焦过程，有效反思。聚焦过程需要我们团队成员通过集体的智慧与协作，提高工作效率，促进知识共享，以及激发创新思维；而有效反思需要我们在聚焦过程后，对所进行的活动、决策和结果进行深入思考和评估，从经验中学习，识别成功的做法和改进的空间，以便在未来的聚集过程中取得更好的效果。

一是教学目标要具体。在设计《光荣与梦想》这课时，我根据主题的特点、学生的学情、教育的要求，把教学目标层层细化，比如学生通过分析"刘长春的故事"，理解中国体育的无奈；学生在观察中国历届奥运会金牌数的变化和名次的变化后，理解中国体育的崛起。同时，教学重点定位在了解中国体育的艰辛历程、理解申奥成功的意义，这符合小学四五年级学生的认知水平。要想达到预期的教学目标，了解学生的学情确实很重要，这可便于教师如何设计有效提问，这样可避免所提问题太简单而经不起学生的思考，或是太难了导致"启而不发"。同时，应关注课堂的生成性问题，这是教师驾驭课堂能力的综合反映。

二是教学内容要可近。本课教学内容就发生在身边，各类报道与宣传也并不少，再通过课前的材料搜集，对四五年级小学生来说可能并不陌生。因此，在实际教学中，学生能积极参与学习与交流，有话可说，有感而发，做到教学的严密设计而环环相扣，学生的积极参与而情感激发，目标的准确适切而水到渠成，体现"贴近学生、贴近生活、贴近实际"，这为我上好这一堂课打下了比较扎实的基础。但教师的课堂语言的渲染作用是不可忽视的，尤其是每个环节的过渡语言和学生回答后的及时点评，对学生的学习有着积极的作用。

三是教学方法要可行。在整堂课中，我紧紧围绕情感体验，运用录像资料的直观演示、背景音乐的有力渲染、真实故事的生动演讲，竭力激发学生的民族自豪感和自信心。

课堂的开头，让学生交流"人们对北京奥运会的评价"，到教师引出罗格对北京奥运会的最高评价——空前绝后，学生自然感到"作为中国人而光荣、骄傲和自豪"，由此揭示出本课的课题"光荣与梦想"；在学生的质疑"有什么梦想？""为什么光荣？""两者有什么联系？"中，引出第二环节的学习内容——理解中国体育从无奈到崛起；学生在分析"刘长春的故事"中，理解中国的"国力贫弱";学生在观察"中国历届奥运会的金牌数和名次的变化"后,理解中国体育的崛起,同时引出了第一个梦想——获得奥运金牌的实现;在观看"北京申奥成功"的视频后,学生理解申奥成功的意义和明白第二个梦想——主办奥运盛会是如何实现的;在"东亚病夫"到奥运冠军的对比中,在"奥运冠军的小故事"交流后,学生明白中国正在为实现第三个梦想——成为体育强国而积极努力。教学方法的多样灵活而富有可操作性,才能有效地激发起学生的学习兴趣和情感。

做一个爱国的自律的人
——返校第一天我和同学们这样说

2020年的寒假特别长。曾经无比期盼，何时才能重回我们熟悉的课堂？何时才能见到活泼可爱的你们？今天，我们终于在校园里相见了！站在讲台，让我们一起回顾这个特别的长假，总结它带给我们成长的启示，从而站在一个新的起点上重新出发。

回顾：致敬我们身边的英雄。在响应号召而"宅"家的日子里，我们或是在操练厨艺，或是在学习烘焙，或是在练瑜伽……除此，我们更多的是在关注疫情、关注教育、关注中国！看着微信等媒体中呈现的一幕幕感人画面和语言，眼泪总情不自禁、时不时地模糊我们的双眼。

"没有特殊情况不要去武汉！"钟南山84岁高龄，却义无反顾地去了武汉！

所谓的白衣天使，只不过是一群孩子换了身衣服，学着前辈的样子和死神抢人！这群最美"逆行者"用生命践行了"不计报酬、不论生死"的承诺！

"急转武汉，为白衣天使加油……东港环卫。"匆匆离去的背影，大爷真帅！

15岁的上海学生，只身一人，从国外"人肉"背回1.5万个口罩，就是因为同胞有难、家乡有难、国家有难！

快递小哥汪勇，"无论何时，只要电话"，送护士回家却让护士哭了一路，因为他送的不是快递，是武汉的救命人！

感悟：每个人心中都有一根热爱祖国的弦。同学们，当钻石公主号游轮上的中国游客上岸后，看到等待他们的大巴上"让我们一起回家"的暖心话，他们当场热泪盈眶，充满内心的是"祖国永远是你们强大的后盾"！这令现场其他的游客顿生羡慕嫉妒恨！同学们，我想问你们：如果你们是其中的一员，你们会不会也会有同样的感受？

疫情发生后，党中央审时度势、综合研判，一声令下全国响应！第一时间调配全国医疗物资速运疫情一线；10天，就在10天内建成了两座大型医院；4万多名医务工作者主动请缨、会集一线……亲爱的同学们，你是否感到自豪，由衷地感到伟大的"中国力量"！

"如果我感染了，我愿意来中国治疗。"我们一定记得，这是世界卫生组织中国考察组外方组长艾尔沃德的感慨！定格这些暖心的行动吧，塞尔维亚总统深情亲吻我们的五星红旗，意大利城市上空甚至响起了《义勇军进行曲》……

此生无悔入华夏，来世还在中华家！其实，我们每个人心中都有一根热爱祖国的琴弦。让我们一起努力，为实现中华民族伟大复兴中国梦贡献力量！

行动：做一个爱国的自律的人。自律的人，无论身处何境，都会闪闪发光。线上开展空中课堂以来，身为教师的我们，通过多媒体、作业反馈、家长反馈等各种途径，洞见了每一名同学线上线下学习的种种收获或者问题。自律能力强的同学们，不仅能够高效保质地完成各个学科的学习任务，而且能够有效地分配时间，在维护自身身心健康的同时，发展自己各个方面的特长和爱好。

同学们，让我们一起出发，做一个爱国的自律的人。相信我们一定能够做到！

育人资源就在课堂中
——有感于"小学课程育人的设计策略"课程第二次实施

春日海棠，花开灿烂。4月11日和4月18日，"小学课程育人的设计策略"2024春A班的培训之旅，在洋溢着浓浓春意的逸夫小学开启。来自不同学校的学员以"实例、实据"为媒，展开了两次扎实、丰富、有深度的育人"实训"。这也是我第二次实施本课程。经过第一次培训之后，此次我对课程进行了修整。

一是聚焦课堂解困惑。为了帮助学员更好地理解课程育人应关注的关键能力与必备品格，课程实施中我积极引导老师们聚焦自己的课堂，思考并寻找自己在教学实践中的困惑。学员们通过小组讨论的形式，一起探讨各自在教学过程中存在的困惑。在事先精心设计的讨论卡纸上，也不断迸发着学员们思想碰撞的小火花，小小的卡纸闪现出不同的智慧之光。小组代表们上台交流与分享着小组困惑，通过一起探讨和康老师的点拨，老师们豁然开朗。通过交流与分享，学员们意识到在教学过程中，教师首先应增强育人意识，要将育人巧妙融合进自己平时的教学之中；其次，要增强教学设计能力，将育人内容细化落实到各学科的教学目标之中，融入渗透到教育教学全过程。担心的是，我的讲解是否深入浅出？学员们是否有醍醐灌顶之收获？

二是研读课标探策略。为了让学员们积极探寻学科素养导向下的育人策略，我在课程实施中从课堂实例出发，通过观看两则关于"制作日历"的数学课堂实录片段，与学员们一同学习数学学科的核心素养。老师们在对比中思考，视频中两位同课异构的老师在落实方式中的异同，以及在课前、课中和课后的不同表现。老师们的讨论非常热烈，我不时提问："视频中需要解决的问题是什么？""如果是你，你将拟运用怎样的教学方式？"在设计的一个个问题的研讨中，老师的思考深度逐步提升，对落实核心素养的多元路径有了更深入的理解，也将进一步把核心素养的内容根植于心中，对小学课程育人的设计策略有了更深入的理解。

三是深析课程汇智慧。对于课程的解读，同样的问题，不同学科的老师、不同年龄的老师都有着不一样的思考。在深析课程过程中，我的主张是教师要有内涵挖掘的能力。实施中，以禁烟图标为例，让学员们思考如何根据自身学科特点来进行教学设计，学员们探讨热烈。语文老师的关注点着眼于香烟上升腾起的袅袅青烟，以此联系相关诗词进行教学，最终回归"吸烟有害健康"的育人目标，"此时无声胜有声"的教学巧思得到了学员们的一致肯定；美术老师的目光聚焦于浓烈的红黑色彩之上，以及其中斜杠线所呈现的立体之美；道法老师则建构于公众标识的概念，以公众标识作用的角度设计……不同老师对内涵挖掘的不同程度使得教学设计百花齐放。

《不做"小马虎"》教学设计，也可谓是精心安排，在此也和学员们一起从内容与育人、设计与育人、方法与育人、学科核心素养和达成目标等几个维度，深度剖析如何更好地呈现小学课程育人的教学设计。大卡纸再一次将学员们的智慧之光汇聚起来，大家在这样的形式下学习，真正体现的是以实例为据，让学员们的收获有理可循。

我们相信，只要我们用心去引领，每一名学生都能够在教育的道路上绽放出属于自己的光芒。

深情系赣乡　微笑满课堂
——写在优秀教师专家团赴江西于都结对交流

根据浦东新区人武部、区合作交流办帮扶革命老区江西省于都县工作的要求，区教育局于2017年10月29日至11月4日组织相关基地学校优秀教师赴江西于都县开展了结对交流工作。

于都！我们来了……2017年10月29日，区教育局优秀教师专家团一行17人历经一天的颠簸，来到了革命老区、红军长征出发地——于都。

第一顿客家饭，着实让我们感受到了浓浓的老区深情。辣得无从下口，便用开水涮着再吃；苦得难以下咽，便用开水伴着下喉；硬得难以咀嚼，便用汤水浸着再嚼……在七天的相伴中，"还觉得辣吗？""这是我们自家种的……""有什么要求尽管说……"等关心的话语，让人倍感温馨。

我们，是有足够的心理准备的！校长们亲自带队，组织开展交流活动。专家们亲临现场，或组织协调、或讲座交流、或现场办事，团队的合作，发挥着不可估量的效能。

课堂！我们进了……这次的交流活动，主要有三项内容：专家报告、专家团老师上展示课、于都老师上随堂课。

在与岭背镇中心小学交流活动中，共有27所小学参与，示范课5节，随堂课7节，汇报课4节，共有360余人次进课堂听课。

在与岭背镇水头中学交流活动中，共有7所中学参与，示范课6节，随堂课10节，共有100余人次进课堂听课。

《如何做一名优秀的教师》《学校特色文化建设之实践与思考》《学校德育工作的特色与策略》等专家报告，让在座的校长们屡屡响起掌声，也引发了大家对教育、对管理、对学生的深层思考；一堂堂精彩的示范课，迎来了山村各校的老师、赢得了于都专家的高度评价、引来了循声而来久久不愿离去的孩子；一场场及时雨般的听课评课研讨会，激励、精彩、专业、滋养……

山村！我们到了……革命老区于都，有着特定的环境和历史背景，在山间、乡村分布着好多学校。在学校领导和老师的要求下，我们到了。

步行近半个小时的山间小道后，我们来到了八一爱民小学，走进课堂，听了语文、数学、英语三节随堂课，并与老师们交流意见，进行教学研讨。驱车颠簸40多分钟后，我们来到了段屋初中，和谢校长交流了办学的困惑、学生的学情、教师的专业，上海老师的示范课深深地震撼了当地的老师，深感遗憾的是，他们无法聆听到我们特级校长、资深校长的精彩报告！

"潘老师，您也能给我们六年级上这样一堂音乐课吗？我们就要离开小学上中学了……""赵校长，如果有时间，一定让全县的老师近距离地听听您这样接地气的报告……"在赶赴赣州黄金机场的路上，我们接到了第二批来沪蹲点学习学员的电话，我们一行特意绕道来到学员所在的站前小学，共同探讨办学的理念、文化的传承、发展的定位……

我们的相聚是短暂的，但结下的情谊是绵长的。我们忘不了师生夹道欢迎的情景，我们忘不了孩子们上课时专心听讲的目光，我们更忘不了老师研讨时虚心好学的神情……

名师流动站，实训基地的好资源

"名师流动站"是实训基地的特色项目，也为我们参训的学员提供了展示、交流与分享的平台。

2008年10月10日，基地学员有幸到我所在学校开展百年校庆庆典活动。导师和学员们参观了以彩豆文化为特色的校园文化和学校陈列室，并观摩了以"扬世纪风帆、育坦小英才"为主题的庆典大会。

"名师流动站"的展示活动，既要突出特色，更要展现亮点。学校以彩豆文化为主题，把育人的资源充分挖潜，并联动各学科的课堂教学，在校本德育活动中集中展现。为此，导师张校长主持，大家进行了"两纲融入教育教学"专题学习活动。我以"培育彩豆文化，提高育德实效"为主题介绍学校德育工作特色。导师张校长做了题为"新时期学校德育行动策略的研究——分层有序将'两纲'融入日常教育教学"的辅导报告，内容十分贴近德育工作的实际，切实帮助解决班主任的困惑，开阔德育工作者的育德视野，尤其是为我们德育人如何运用各类教育资源开展德育活动提出了新的研究课题。

回眸从准备到今天的展示，有小困惑，有小兴奋，有小遗憾。于是，很自然地对自己的德育工作有了更多的思考。

从事小学德育管理工作已有十多年，一路跋涉，矢志不渝，但吾日三省吾身，却越发觉得自己与有思想、有个性的能者相距甚远。很有幸，参加了上海市中小学德育骨干教师实训基地的培训。

当接到区教育局的推荐报名通知时，我曾激动；当参加实训基地的专家面试时，我曾紧张；当等待实训基地的录取通知时，我曾忐忑。2008年5月11日的基地开班仪式着实让我兴奋不已，导师的话"考虑到你来基地真是太远了，但又不忍心舍弃你"一直激励着我。在我的内心深处涌动着一个极其平常的想法：我要好好珍惜和把握这次实训的机会。

寻找德育工作的本真、探索成就事业的途径、舞动人生发展的彩练，在这样的征途上，总有曲折和坎坷，或许还因诸多的复杂因素而增加了更多的艰难，因此曾陷入"山重水复疑无路"。每次实训活动，我不到6点必须出家门，晚上8点多回家十分正常，但我觉得充实。因为，一路上，有专家为我们做指导，工作中的"瓶颈"被破解了；一路上，有我们的"德育名师流动站"，在此尽情展现我们的实训风采；一路上，我们向着"人出课题、课题出人"的目标层层推进；一路上，我们践行"两纲"融入课堂，把"德润课堂"的理念在实践中细化；一路上，张校长以自己的成长历程启示我们，让我们学会了对待事业的正确态度……

记得那是2008年10月，恰逢我们区主办全区中小学德育主任培训班，培训部主任请我为学员们做一次讲座——怎样做好学校德育工作，同时把我在市德育实训基地的实训收获与大家一起来分享。刚接到任务时，我曾推却，因为我觉得没这个能力。晚上，我就与张校长联系，请求指导与帮助。张校长的一番指点让我茅塞顿开，使我有了充分的信心去准备和挑战这项从未尝试过的任务。其实，来到德育实训基地的第一天，"人出课题、课题出人"的基地实训理念已深深地印入了我们的记忆之中。就是在张校长的引领指导下，我们全体学员分成了五个专题调研组，围绕着"新时期学校德育行动策略的研究"这一国家级课题，开展课题研究活动。2008年12月4日，我站上了培训的讲台，面对全区中小学德育主任，做了题为"中小学德育主任落实'两纲'行动策略研究"专题讲座。在交流中，我向大家介绍了基地主持人张校长如何带领并指导我们开展"两纲"教育活动和实践研究，同时向大家呈现了我们基地学员所在学校的德育工作特色，透射出作为一名德育主任应具备的素养。原先的那份担忧——怎么可能说上两个小时？现在却荡然无存了！"实！基地张校长的实干、实训、实在，让她的学员受益匪浅，也让我们深感得益！因为，德育需要实实在在！"这是大家给我的第一反应！

德育实训基地伴我一路走来，这一路上有许多的惊喜和收获、有更多的忙碌和紧张、有不同的历程和思考……

为有源头活水来——思想从读书中来。如果说育德技巧是日常工作的"流"，那么丰厚的积淀就是永远不息的"源"。"要把读书当作第一精神需要，当作饥饿者的食物""要有读书的兴趣，要博览群书，要能在书本面前坐下来，深入思考"，这是张校长常常对我们说的。其实，工作以来读书不多，尤其是教育理论专著。但就是"读书沙龙"活动的开展，让我们交流着、阅读着、思考着。

直挂云帆济沧海——思想从课堂中来。"课堂是落实'两纲'教育的主阵地。"作为学校的德育教导，我们没理由说"不行"。从学情分析、教学设计到教学说明、教后反思，张校长都做了一一指导。曾看到过这样的三重境界：人在课中，课在人中；人如其课，课如其人；人即是课，课即是人。犹如阳春白雪，云端漫步，懵懵懂懂跟着感觉走，胆胆怯怯带着思考来，踏踏实实串着主题上。2008年11月，在基地组织的"'两纲'进课堂教学评比活动"中，我上的《光荣与梦想》获得了一等奖。因为经历了，所以有所感悟；因为体验了，所以有所收获。

行动指南是思想——思想从研究中来。用自己的脑子思考，说自己思考过的话，做个有思想的德育工作者，这是我跟着张校长学做课题的思考。就在2008年暑假，张校长带着基地的全体导师冒着酷暑来到学校，亲赴我们学校指导学校的德育区级课题。在实训的这一年中，经张校长指导的《彩豆文化：为了民族精神的弘扬》等数篇文章在《思想理论教育》等刊物上发表了。

实训基地是一个炼丹炉，促使我要有质的改变；实训基地是一棵大树，让我在大树底下好乘凉；实训基地是一台导航仪，帮助我找到了启程的途径……

学会看"失",就是发展的资源

在基地学校跟岗学习临近尾声了,也就意味着在培训结束之前要完成各种各样的总结、反思、盘点收获。静下心来,思考更多的是,作为教育人究竟该如何看待"教育"?

曾读到这样一段文字:

> 让左眼看天堂,请右眼看地狱,可以让我们懂得珍惜美好的生活;
> 让左眼看过去,请右眼看未来,可以让我们懂得珍惜生命;
> 让左眼看别人,请右眼看自己,可以让我们懂得宽容和奋进;
> 让左眼看路,请右眼观心,可以让我们看到不同的风景,这就是教育的坚定与快乐!

学校是个学习的地方,让老师安安心心地教书,让学生安安静静地读书,这才是教育的根本。学校的管理再"精细",课题研究再高大上,教师的各种材料再齐全,若没有在学生身上发挥作用,有何意义可谈?又何来教育的核心?

抱怨能改变什么?放弃更不是一个教师应有的人生选择。我们应该不盲从,不随波逐流,更不推波助澜、助纣为虐。这需要极大的勇气和过硬的专业底气,也需要非凡的智慧。

凡事有得必有失,有失必有得。记得小学语文教材里有一篇课文叫《一路花香》。挑水工每天要到远处去挑水，他有两只水罐，其中一只水罐有裂缝，总是会漏一半水。虽然收获没有付出多，但他仍然自得其乐。他失去了什么？又得到了什么？随手撒下的花种，漏出的水浇出的鲜花，有人发现了吗？花知道，自己知道；花快乐，自己也快乐，这难道还不够吗？学校不是真空的，学生也不可能总在学校，终将走出学校接受社会的影响。温室里的花朵再美，一旦经历风雨也可能凋谢。因此，我们不必害怕外部影响，不必进行自我封闭，而要勇敢地面对社会、融入社会，进而以教育的力量来改变社会，这才是教育的大道。

教育本是一项长效性的事业，应该也没有那么多的轰轰烈烈，有的或许也就是一种呵护、一程陪伴、一路引导，以及一种静待花开式的耐心。教师、学生、家长，原本素不相识的一群人，因为教育才走到了一起，成了一群有理想、有信仰、有学识、有品行的人，做着一件言传身教的事。相识就是缘，师生一场更是缘。这本应是一场美丽的邂逅，更是一段美好的旅程。

育人需要这样的培训资源
——有感于"小学课程育人的设计策略"课程第三次实施

我申报的"十四五"教师继续教育培训课程"小学课程育人的设计策略",2024年秋季进行了第三次实施。经过前两次的实施,这一次实施感觉很顺利。预先准备了很多相关的学习资源,也更加注重收集课堂上参训老师提供的各类资源。在相互学习与借鉴中,提升学员们自己的认识与能力,也为培训课程的更加完美积累素材。因为,育人的资源就在我们的培训中生成。

关注课标,这里是一个共学的课堂。课程的宗旨,是以课程主持人丰富的经验和专业的视角,去引领学员们重温课标,从中重置学科定位,对标核心素养,坚持正本清源,立足课程育人。在课程的第一环节中,就为大家精选了三个教学实录作为引子,设计了三个问题作为导向,组织学员对发现的问题、导致问题的原因、对应的策略展开充分的讨论,并以开放空间的形式进行展示。在这个过程中,参训学员们逐步意识到什么是学科知识、什么是学科本质、什么是学科育人,更加注意到了课标中的核心素养在课程中该如何落实。

关注课程,这里是一个共研的课堂。在课程的第三环节中,组织学员们分别就同课异构的三个教学片段进行学习与分析。围绕怎样明晰育人的内容、如何设计育人的策略、怎样达成育人的目标,大家在课程预设问题的驱动下展开充分的讨论与思考。在此过程中,让大家学会如何发现问题、解决问题、建构知识、运用知识;也让大家思考怎样基于核心素养确立育人目标、优化育人内容组织形式;更让大家尝试跳出学科知识罗列的窠臼,凸显课程育人的功能。通过讨论，大家梳理教育实践中的困惑——意识不强、设计不力、方式不当，分析存在的缘由——忽略主体、脱离情境、背离实际。大家觉得，要让认知基于实践，也要让实践得到提升，"教书"要为"育人"服务，有教育性的教学才有灵魂，才能促进学生的发展。

关注课堂，这里是一个共享的课堂。本次培训，大家觉得在这样的开放空间、咖啡时间、头脑风暴等形式中学习，更加实在。在第六环节中，及时选用大家提供的教学片段，在小组内学习与讨论。这里既有跨学科的研讨，也有跨年段的学习，更有跨校际的借鉴。大家围绕着相同的问题，以不同的形式完成学习任务单，体验到的是自主学习的目的和意义。大家觉得培训课程不再是静态的"理论课程"，而是动态的"体验课程"。在讨论中碰撞思维，在交流中迸发灵感，犹如置身于一场学术盛宴，彼此信任，共享资源，产生认识的盈余，唤醒育人的意识，寻求资源的整合，借鉴育人的策略。

参训老师的感悟颇多：在学习"小学课程育人的设计策略"后，我们小组深刻认识到，有效的课程设计应注重学生全面发展，通过故事讲述、角色扮演等互动方式，让学生在参与中学习合作、尊重和责任感；参加了这次"小学课程育人设计策略"的培训，主讲老师通过生动的案例和深入浅出的讲解，让我们深刻认识到自己在育人方面的不足，育人设计策略正是帮助我们实现这一目标的工具，能让我们从孩子的角度出发，设计符合他们心理发展特点的教学活动；我们确实需要反思自己的教育实践，要增强育人的意识，坚持以生为本的原则，注重激发学生的学习兴趣和积极性，让他们在轻松愉快的氛围中获取知识、提升能力。我们六名成员一起深入探讨交流了如何将育人要求融合到小学课程教学中，如项目式学习和探究式学习，将形象的生活实例串联起来，以激发学生的学习兴趣。

后记

踏上工作岗位,就担任班主任。在相对比较偏远的乡村小学任教了一年,从不甘心不情愿,到放不下舍不得,因为付出了,才有意想不到的收获。

第二年,便调回到镇上学校。每每在教室里向着曾经朝夕奔赴的方向发呆时,会有猛然间的惊醒,孩子们已上初中了。因为辅导孩子参加镇里会演的节目获得了一等奖,于是被学校任命为学校少先队大队辅导员。从此,便与德育结下了不解之缘。

一直有这样的想法,把我工作中的所思所悟整理一下,既是对工作实践的回顾,也是对成长历程的反思,但总觉得不够火候。在育人的道路上,我始终坚守着自己的发展方向,做研究型学者、做学者型专家、做专家型教师。实践中,同伴互助、校本教研、专家引领、个人反思,行走在成长路上,一路奔赴。

随行而研,破解真实的育人问题。学生、教师、德育管理者,都面临着前所未有的价值观冲突、信息过载、心理压力等问题。多元文化的交融带来了更广阔的视野,网络暴力、虚假信息、消费主义等不良现象也悄然侵蚀着各自的精神世界。我们的德育是否真正触及了学生的心灵、教师的灵魂、我们自己的痛处?学校、家庭、社会之间的衔接是否紧密而有力?德育的"孤岛效应"又是怎样形成的?在德育实践中,我和我的团队聚焦一些问题或是想法,积极参与各级别的德育课题研究,为自己的专业成长积累与沉淀,也为更好地开展学校的德育工作寻求更好的途径与方法。此间,我们通过读书来滋养心灵,因为读书是为修身养性而来,更是为提升素养而来。同伴常说,读书有美容之功效,读书有延寿之特功,读书有颐养之气韵。日拱一卒无有尽,功不唐捐终入海。眼中所见、脑中所思、笔下所留,都与读书有关,这是财富,更是习惯。

随思而悟,实施扎实的育人对策。建设师资队伍,提升挖潜与整合教育资源的能力，共同解决育人的实际问题；开展综合评价，尤其是要以学生在德育活动中的表现和成长中的变化，来研判学生在道德品质、行为习惯、社会实践能力等方面的收获；培育校园文化，打造具有鲜明特色和时代精神的校园文化品牌，让各类教育资源活起来、动起来、走起来。启智润心，决定了育人的过程不仅仅需要爱心、耐心，更重要的是责任心。在实现育人目标的道路上，作为德育人，我们积极引导学生始终与学校一起保持奋进的姿态，感知美好、感受高尚、感动正气，踏出青春路上铿锵之步伐，弘扬内外兼修之浩然正气。在各项德育实践后，常有身心被掏空之感，但也有一种强烈之感，那就是要及时总结、深度反思、记录随感。一篇篇论文或总结在各类刊物上发表，有成功的喜悦、有付出的艰辛、有失误的遗憾。这一串串成长的足迹，促成了好习惯的养成、思维方式的转变、育人观念的完善。

随录而创，建构朴实的育人设计。明确德育目标——立德树人、全面发展；优化德育内容——贴近生活、贴近实际；创新德育方法——资源整合、实践育人。德育过程是熏陶感染的过程，而不是简单粗暴地宣布规则、奖惩措施。积极争取社会各界的支持和参与，利用社区资源、社会资源设计并开展好育人活动，形成全社会关心、支持、参与的良好氛围。让高尚和美好真正浸入学生的内心，成为他们的追求。行走在育人的道路上，有自己学校的成功经验，有对外支教的意外收获，也有培训基地同伴的友情互助。每一次展示、每一次观摩、每一次研讨，都是优质的资源，帮助我在这里积累、转变、成长。于是，对育人有这样的理解，这是一种能力、一种观念、一种操守。

心中有信仰，脚下有力量。校之所育，生之所需，师之所付，在岁月踽踽前行的步履中，作为德育人，潜精积思，怀质抱真，边悟边长……

康建军

2024年9月于上海

图书在版编目(CIP)数据

"资"润德行：整合教育资源开展德育实践 / 康建军著. -- 上海：文汇出版社, 2025. 4. -- ISBN 978-7-5496-4475-9

I. G621

中国国家版本馆CIP数据核字第2025Q9V057号

"新师说"书系

"资"润德行
——整合教育资源开展德育实践

作　　者 / 康建军
责任编辑 / 张　涛
封面装帧 / 梁业礼

出　版　人 / 周伯军
出版发行 / 文汇出版社
　　　　　　上海市威海路755号　(邮政编码：200041)
经　　销 / 全国新华书店
排　　版 / 南京展望文化发展有限公司
印刷装订 / 启东市人民印刷有限公司

版　　次 / 2025年4月第1版
印　　次 / 2025年4月第1次印刷
开　　本 / 720mm×1000mm　1/16
字　　数 / 200千字
印　　张 / 12.5

ISBN 978-7-5496-4475-9
定　　价 / 66.00元

· 版权所有　侵权必究 ·